GUIAS DE CIUDADES EN 3-D
MANHATTAN

SHEILA
HOGAN
516-7592793
Jose A. MARIETA

GUIAS DE CIUDADES EN 3-D
MANHATTAN

LA NUEVA GUIA-CALLEJERO CON PLANOS EN TRES DIMENSIONES

Escrita por Fiona Duncan y Leonie Glass
Diseño de los planos: Irwin Technical

Hermann Blume Ediciones

Primera edición inglesa: 1992
Duncan Petersen Publishing Ltd

© Planos y textos: Duncan Petersen Publishing Ltd 1992

Reservados todos los derechos. Ninguna parte de este libro
puede ser reproducida, almacenada o transmitida
de ninguna forma o por cualquier medio,
ya sea electrónico, mecánico, por fotocopia,
por registro u otros métodos, sin el permiso previo
y por escrito de los titulares del Copyright.

Editado y diseñado por Duncan Petersen Publishing Ltd
54, Milson Road, London W14 0LB

Editorial
Editor: Fiona Duncan
Editor ayudante: Kate Macdonald
Indice: Rosemary Dawe

Diseño
Director artístico: Mel Petersen
Diseñadores: Chris Foley y Beverley Stewart

Se ha puesto todo el cuidado posible en que la información
contenida en esta guía sea la más correcta posible, pero tanto
los editores como los propietarios del copyright no pueden
asumir ningún tipo de responsabilidad respecto a las
consecuencias producidas por errores que aparecen en el texto
o en los planos, especialmente los que se deriven del cierre de
locales o de aquellos cambios topográficos que hubieran tenido
lugar tras la conclusión de la exploración aérea en la que se
basan los planos.

© 1992, Tursen, S. A. - Hermann Blume Ediciones
Mazarredo, 4, 5.º B. Tel. 266 71 48. Fax 265 31 48. 28005 Madrid
Primera edición española, 1992

ISBN: 84-87756-13-1
Impreso por Mateu Cromo

IMPRESO EN ESPAÑA - PRINTED IN SPAIN

AGRADECIMIENTOS

Los autores quieren dar las gracias a las siguientes personas por su ayuda y sus consejos: Jai Singh; Peter Bejger, Nancy Batterman y Ricky Greenberg; Christopher McIntosh y Katharine Kurs; Louise Schneider.

Fotografía aérea: Skyviews Survey Inc., Ramsey, New Jersey.
Planos creados por Irwin Technical Ltd, 10-18, Clifton Street, London EC2A 4BT

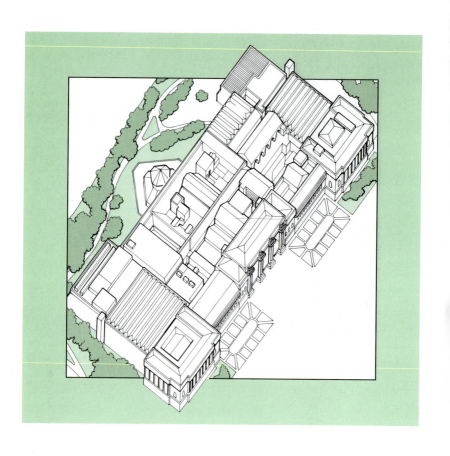

Contenido

Agradecimientos	**5**
Sobre este libro	**8-9**
Mapas índice	**10-13**
Información básica para los visitantes de Manhattan	**14-25**
Plano del metro de Nueva York	**26-27**
LOS PLANOS ISOMETRICOS	**28-131**
Puntos de interés descritos en el texto	**132-138**
Personajes de interés descritos en el texto	**139-140**
Callejero	**141-144**

Sobre este libro

La elaboración de los planos
Los planos isométricos se elaboraron a partir de fotografías aéreas. Para Manhattan se ha diseñado un sistema especial. El helicóptero volaba a una altura de aproximadamente 500 metros y la cámara abarcaba un ángulo de 45º. El cielo tenía que estar ligeramente cubierto para poder captar todos los detalles de los edificios.

Se hicieron muchas ampliaciones de los negativos que Irwin Technical, un grupo de dibujantes técnicos de Londres (dirección en página 5), utilizaron luego para crear los mapas. Un equipo de siete personas ha tardado, trabajando con pluma y tinta, más de 1.000 horas en terminar la tarea.

Proyección "isométrica" significa que las verticales tienen la misma altura, tanto en el primer plano como en el fondo —en "la parte delantera" (al pie) de la página como en "la parte trasera" (cabeza) de la misma. Así se evita el efecto menguante de la perspectiva y todos los edificios, tanto cercanos como alejados, aparecen con la misma fidelidad y su altura apropiada.

El orden de los planos
Los recuadros de los planos forman una secuencia que va de norte a sur y de oeste a este. Para más detalles, véanse los planos índices en págs. 10-13.

Numeración de los planos
Cada número que aparece en un plano hace referencia al texto impreso a la derecha del mapa. En general, la numeración comienza en la esquina superior izquierda de cada plano y termina en la esquina inferior derecha, siguiendo la dirección oeste-este. Este esquema, sin embargo, se rompe si varios puntos de interés están juntos o dentro de una calle.

Horarios
Si un museo o una exposición permanecen abiertos durante el horario laboral normal, en el texto de los planos no se mencionan sus horas de apertura y cierre. Se da la información necesaria si los horarios no son los usuales. En el caso de edificios históricos u otros edificios interesantes puede suponer que no los podrá visitar si no se indica el horario de visita.

Precios
Restaurantes
$ una persona puede comer por menos de 25 ($) dólares.
$$ una persona puede comer entre 25 y 60 $.
$$$ una persona normalmente pagará más de 60 $.
No se incluyen vinos.

Hoteles
$ el precio por persona y noche es menor a 125 $.
$$ el precio por persona y noche está entre 125 y 150 $.
$$$ el precio por persona y noche es mayor a 150 $.

Cobertura

Manhattan es una máquina, llena de millones de personas que cada día invaden las calles y el metro, muchos de ellos encerrados en un estilo de vida agotador pero que crea dependencia y que hace que todo lo demás parezca estúpido y lento. Estos días, la máquina está en un estado que requiere una revisión a fondo, pero su fuerza bruta y —si es capaz de captarlo— su encanto todavía están presentes. Ningún libro puede contener todo lo que puede ser de interés en Manhattan. Este libro está centrado en aspectos de la ciudad que se basan en los planos especiales, poniendo énfasis en la información histórica o general que explica la estructura, la evolución y el funcionamiento de la ciudad. También se ha querido destacar lo excepcional y peculiar, a veces a costa de lo obvio y conocido, pero siempre convencidos de que ésta es la mejor manera de descubrir el carácter esencial de una ciudad. Y además encontrará mucha información acerca de dónde comer, tomar una copa, hacer compras y otros asuntos prácticos.

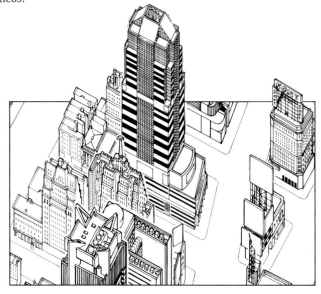

Mapas índice

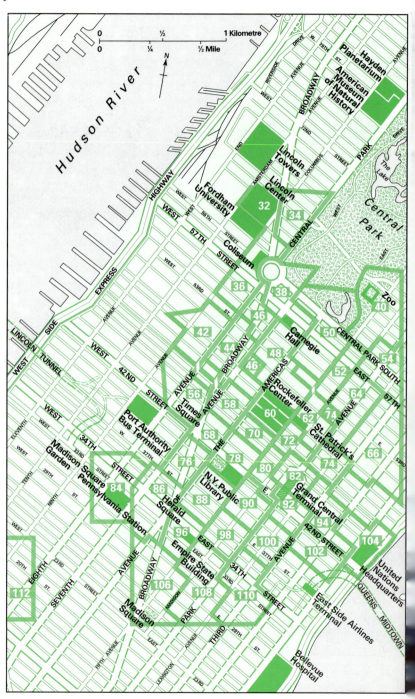

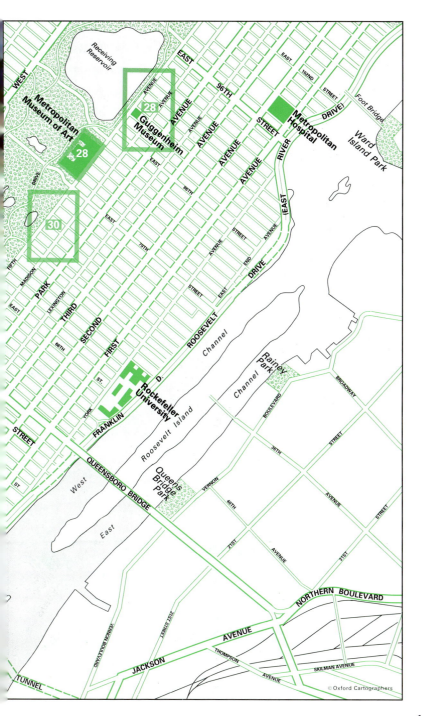

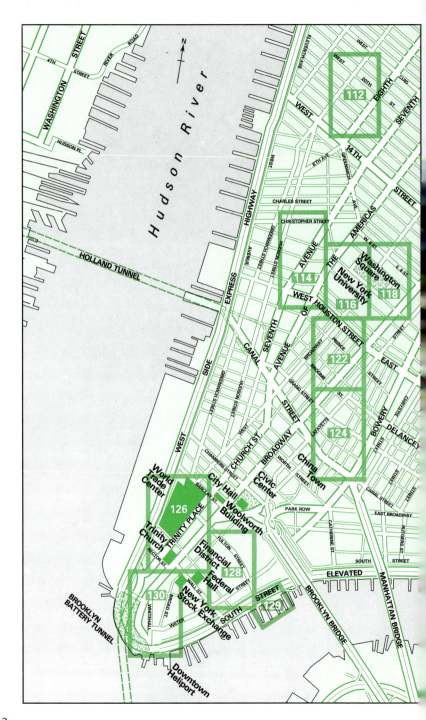

Mapas índice

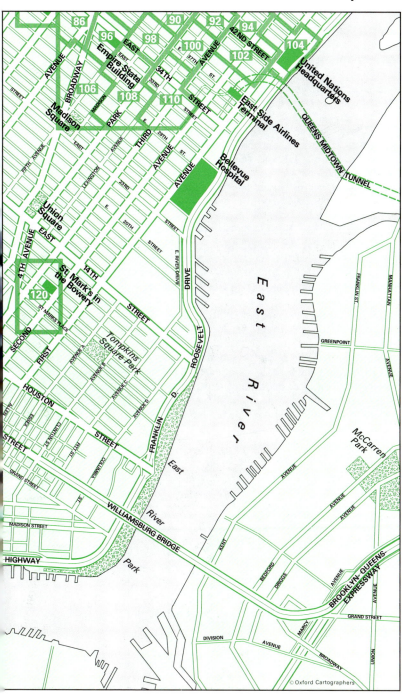

INFORMACION BASICA PARA LOS VISITANTES

Transportes

De los aeropuertos a la ciudad

La puerta de acceso a norteamérica, Nueva York, tiene tres aeropuertos. La mayoría de los vuelos transatlánticos y domésticos salen y llegan al John F. Kennedy International Airport, cerca de Queens, a 24 kilómetros (una hora en coche o entre 30 y 35 $ de taxi) del centro de Manhattan. Todos los terminales tienen acceso al sistema del metro, mediante un servicio de traslado en autobús que funciona con intervalos cortos y es gratuito.

Carey Transportation Inc. opera un servicio expreso de autobuses a varios puntos del centro, incluyendo Grand Central Station y el Port Authority Bus Terminal. El horario de servicio es de 6,00 horas hasta la medianoche. Gray Line Air Shuttle (tel. 757 6840) ofrece un servicio de minibuses colectivos que opera desde las 7,00 hasta las 11,00 horas y que tiene paradas en la mayoría de los hoteles de Manhattan; conviene hacer reservas. También hay un sistema para compartir taxis.

Si va en coche, debe tomar el Van Wyck Expressway y el Grand Central Parkway para seguir luego por el Long Island Expressway (LIE). Salga del LIE por el Brooklyn Queens Expressway si quiere ir a algún sitio de Brooklyn o del centro de Manhattan; siga por el LIE si quiere ir a Midtown.

La Guardia Airport en Queens, a unos 13 kilómetros (30 minutos en coche o entre 20 y 25 $ de taxi) de Midtown, es un aeropuerto para vuelos interiores y tiene también un servicio gratuito de traslado al metro, un servicio "exprés" de autobuses al centro y también minibuses colectivos. Los conductores de coches particulares deben seguir las señales a Grand Central Parkway hasta el Triborough Bridge (peaje), o salir al sur del puente para tomar Queensborough Bridge que le lleva a Manhattan.

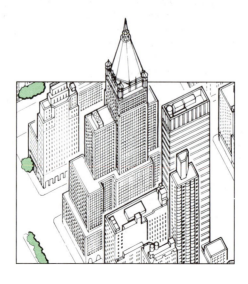

INFORMACION BASICA PARA LOS VISITANTES

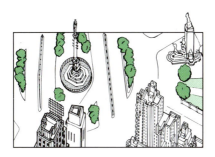

El segundo aeropuerto internacional de Nueva York es Newark, una de las instalaciones más modernas del país. Se encuentra en New Jersey, a 26 kilómetros del centro de Nueva York (45 minutos en coche o 30 $ de taxi). New Jersey Transit tiene durante las 24 horas un servicio "exprés" de autobuses entre todos los terminales y el Port Authority Bus Terminal de Manhattan. Olympia Trails tiene autobuses desde el aeropuerto hasta Penn Station de Newark, Grand Central Station (cada 20 minutos entre las 6,15 horas hasta la medianoche), y hasta World Trade Center 1 (cada 20-30 minutos entre las 6,00 y las 10,00 horas). Los autobuses de Airlink conectan los terminales con Pennsylvania Station; también tiene un servicio de minibuses colectivos que incluye la mayoría de los hoteles de Manhattan. Con su coche particular, tome el New Jersey Turnpike, y luego el Holland Tunnel para ir al centro, o el Lincoln Tunnel para ir a Midtown.

Puede llamar al 800-AIRPORT para obtener información sobre conexiones con el aeropuerto.

Orientarse en la ciudad

New York City es un conglomerado de cinco grandes áreas *(boroughs)* - Brooklyn, The Bronx, Queens, Staten Island y Manhattan. Manhattan Island es el corazón de la City, y mide tan solo 21 kilómetros por apenas 3,5 kilómetros en su parte más ancha. La orientación no es demasiado complicada, debido al sistema de parrilla por el cual las avenidas (avenues) están dispuestas de norte (north) a sur (south), las calles (streets) de este (east) a oeste (west). Una excepción la constituyen Broadway, en diagonal, y el distrito del centro (downtown) que se trazó con anterioridad a la implantación del sistema de parrilla, alrededor de 1811.

Dentro de los distritos céntricos, el tráfico normalmente transcurre por vías de dirección única; hacia el norte se dirigen las avenidas First, Third, Madison, Avenue of the Americas (Sixth), Eighth y Tenth; hacia el sur, las avenidas Second, Lexington, Fifth, Seventh, Ninth y Broadway; las avenidas York, Park, Eleventh y Twelfth tienen tráfico en dos direcciones. Fifth Avenue es la línea divisoria entre las calles que cruzan en sentido este y oeste. La numeración de los edificios comienza en la Fifth Avenue, dividiéndose cada calle en una parte este *(east)* y oeste *(west)*. Los números pares se encuentran en el lado sur de las calles que cruzan, y los impares en el lado norte.

Autobuses

Los 3.600 autobuses de la ciudad hacen 220 rutas locales y "exprés" por todas las grandes áreas *(boroughs).* Son lentos, especialmente en las horas punta, pero puede ver por dónde va y más del 80 por 100 de ellos están equipados con dispositivos para subir sillas de ruedas. Sus destinos y los números de las rutas se ven en el letrero electrónico que llevan en la parte delantera, y en algunas paradas se encuentran planos de rutas "Guide-a-Ride". El precio es de $1,15 para todos los trayectos sin que importe la distancia que va a recorrer y tiene que tener preparado el importe exacto o disponer de un bono de transporte que puede adquirir en el metro.

Los autobuses recorren todas las avenidas y la mayoría de las calles que cruzan. Los pasajeros que tienen que utilizar dos líneas para efectuar un solo viaje, pueden solicitar un transbordo gratuito al subir al autobús. La mayoría de las líneas tiene un servicio nocturno reducido.

Para más información, llamar a New York City Transit Authority (tel. (718) 330 1234) durante las 24 horas.

Metro (Subway)

A pesar de su pésima reputación, el metro de Nueva York transporta cada día a más de 3,7 millones de pasajeros y sigue siendo el sistema más eficiente para moverse por la ciudad.

A primera vista, el plano del metro es más coloreado y más confuso que cualquier "grafiti", pero en general las líneas siguen la dirección norte-sur por debajo de las avenidas y las estaciones llevan los nombres de las calles que cruzan su trayecto. Al acceder al metro, tenga cuidado en tomar la entrada correcta según la dirección a la que se dirija.

Hay dos tipos de trenes: Locales, que paran en cada estación; y expresos, que solamente paran en ciertas estaciones importantes. Los letreros en cada vagón del metro indican los detalles acerca de la línea, su procedencia y su destino.

La tarifa única de $1,15 se paga mediante bonos que se pueden

INFORMACION BASICA PARA LOS VISITANTES

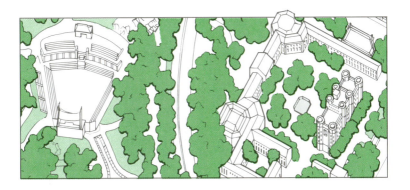

comprar por separado o en tacos de diez (sin descuento) en las taquillas. Estos bonos sirven para poder pasar los torniquetes. El metro funciona durante las 24 horas, con servicios reducidos durante la noche, algunas líneas también tienen intervalos restringidos durante el día.

Lo mejor que puede hacer, es hacerse con un plano de la New York City Transit Authority que puede obtener en las taquillas o la oficina de Información de Turismo. Intente no aparentar demasiado ser un turista, no lleve bolsos muy abiertos ni joyas demasiado ostentosas.

Taxis

En New York City hay 12.000 taxis amarillos con licencia y cuando llueve, nunca aparece ninguno. También hay un creciente número de taxis llamados ``gypsy'' cabs que normalmente son propiedad del conductor y no suelen tener licencia —evitar cogerlos siempre, excepto casos *in extremis*. Los taxis amarillos normales pueden llevar hasta cuatro personas, los antiguos Checker cabs hasta cinco personas. Los taxis libres llevan una señal luminosa amarilla en el techo; el taxista tiene que poner el taxímetro en seguida.

Los pasajeros tienen que pagar el peaje de los puentes y túneles, pero sus tarifas son moderadas. Después de las 8 de la tarde y los domingos, las tarifas, sin embargo, suben alarmantemente. Tenga también el cuenta el aumento de precio que se produce al salir de los límites de New York City. si va al aeropuerto de Newark, añada $ 10 a lo que marca el taxímetro. Yendo a Westchester y Nessau pagará el doble de la tarifa que marca el taxímetro por el recorrido fuera de los límites de la ciudad.

Vale la pena averiguar cuál va a ser su ruta antes de emprender viaje y tener el mapa a mano: Una gran parte de los taxistas de Nueva York son inmigrantes recién llegados con conocimientos geográficos de la ciudad limitados y con menos conocimientos del idioma. No es ofensivo clarificar sus instrucciones con el mapa en la mano. Los taxistas esperan una propina por el monte de un 15 por 100 aproximadamente o que redondee el precio hacia arriba (dejar la suma en dólares enteros).

Si tiene alguna queja sobre un taxi amarillo, tome nota del número de identificación de la factura o del salpicadero y llame al 221 8294. Para reclamar algo que se haya olvidado en un taxi, llame al 840 4734.

Coches particulares

Conducir su propio coche por Nueva York no es un pasatiempo que se pueda recomendar a los visitantes, y encontrar un sitio para aparcar es una pesadilla. Los garages son muy caros en Manhattan, y los pocos sitios libres que hay para aparcar están sujetos a una serie de restricciones poco claras, como aparcar en lados alternantes de las calles en días igualmente alternantes, o incluso solamente durante ciertas horas del día. Hay señales muy confusas (inclusive el que reza: ''Don't Even THINK of Parking Here'', ''*Ni se le OCURRA aparcar aquí*''); marcas en las calles con códigos de colores, prohibición de aparcar delante de bocas de riego para incendios; y una multa de $ 100 si a su coche se le lleva la grúa, más un día perdido. Es obligatorio ponerse los cinturones de seguridad en los asientos delanteros, el límite de velocidad es de 35 millas por hora (56 km/h) y también hay controles de alcoholemia. Nunca adelante a un autobús escolar, está prohibido y se sanciona con una fuerte multa. Si todo esto no le ha convencido, coja un taxi e imagínese por un momento cómo se sentiría sin tener el conductor a su lado.

Fuera de la ciudad

En Nueva York hay dos grandes estaciones de trenes , ambas situadas en Manhattan: Grand Central Station, 42nd Street y Park Avenue (tel. 532 4900); y Pennsylvania (Penn) Station, West 34th Street, entre Seventh y Eighth Avenues (tel. 582 6875). Las líneas de cercanías del norte (desde Hudson Valley y New Haven) llegan a Grand Central; mientras las líneas del este (Long Island y New Jersey) llegan a Pennsylvania Station. Los trenes de largo recorrido ''Amtrak'' de Boston, Canada, Chicago, Florida, Washington y del Oeste pueden llegar y salir de ambas estaciones. Para más detalles, póngase en contacto con Amtrak-National Railroad Passenger Corp., 1 Penn Plaza, Suite 1435 (información tel. 800 872 7245).

Por aire Como mayor puerta de entrada a norteamérica, Nueva York también es un destino de primer orden de vuelos nacionales y estos vuelos

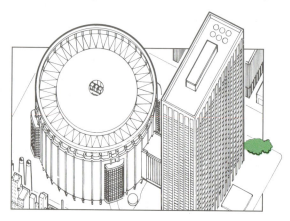

INFORMACION BASICA PARA LOS VISITANTES

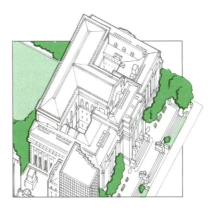

domésticos llegan o salen de cualquiera de los tres aeropuertos. Hay puentes aéreos con Boston y Washington DC, y una amplia red de vuelos cortos y largos a otras partes del país. Las grandes compañías (incluyendo American, Delta, USAir, Northwest, Pan Am, TWA y United) se anuncian en la prensa local y vale la pena buscar descuentos en temporada baja o vuelos fuera de las horas punta, como los vuelos 'red eye' que salen muy tarde por la noche. Los billetes se compran directamente a través de las compañías y se recogen en el aeropuerto, o bien a través del Airlines Ticket Office, 100 East 42nd Street (tel. 986 0888).

En autobús Viajar por los EE. UU. en autobús, realmente no vale la pena. Los bajos precios de los billetes de avión han hecho bajar considerablemente el número de pasajeros dispuestos a estar sentados muchas horas en un autobús, y las compañías han recortado las rutas. Si se quiere informar sobre los servicios de autobuses en todo el país, llame a Greyhound Trailways (información tel. 564 8484). Todas las compañías salen del New York City's Port Authority Bus Terminal, Eighth Avenue y West 43rd Street. Abierto 24 horas todos los días. No es buen sitio para quedarse más tiempo de lo necesario y sobre todo hay que tener mucho cuidado por la noche.

En coche La red nacional de carreteras (inter-state y highway) está sujeta a un límite de velocidad de 55 millas por hora (88 km/h), con la excepción de algunas áreas rurales donde es de 65 millas por hora (104 km/h). En zonas edificadas el límite es de 35 millas por hora (56 km/h). Otras disposiciones, como la edad mínima, varían de estado a estado, pero es casi imposible alquilar un coche si no ha cumplido los 25 años. Los permisos de conducir extranjeros son válidos durante un año, aunque es recomendable solicitar el permiso de conducir internacional si tiene previsto viajar mucho. Todos los documentos tienen que estar siempre en el coche.

Los mejores mapas los publica Rand McNally y se suelen vender en las estaciones de servicio. La gasolina se vende por galones EE. UU. (3,8 litros). La American Automobile Association, Broadway y 62nd Street (tel. 586 1166) ofrece prestaciones recíprocas a miembros de asociaciones automovilísticas nacionales y extranjeras. También da información gratuita y tiene un excelente servicio de consejos para viajar.

Datos útiles

Información turística
Para informarse antes de salir de casa, puede acudir a las numerosas oficinas del New York Convention and Visitors Bureau y del State of New York Division of Tourism que hay en muchas ciudades del mundo. En Nueva York puede encontrar mucha literatura, planos y guías gratuitos en sus oficinas de Manhattan:
- New York Convention and Visitors Bureau, 2 Columbus Circle, West 59 th Street y Broadway (tel. 397 8200); abierto de 9,00 a 18,00 horas de lunes a viernes y de 10,00 a 18,00 horas sábados y domingos.
- State of New York Division of Tourism, 1515 Broadway, planta 51 (tel. 827 6250); abierto de 9,00 a 17,00 horas de lunes a viernes.

Visitantes minusválidos recibirán información específica en el Center for the Handicapped, Office 206, 52 Chaniber Street (tel. 566 3913).

Bed and breakfast (alojamiento económico)
Aunque se esté introduciendo cada vez más en EE. UU., el tipo americano del *bed and breakfast* (BB) no es la ganga que pueda ser en Gran Bretaña. Los hoteles económicos (Budget hotels) son claramente más baratos, pero en cuanto al alojamiento de clase media, los *bed and breakfast* tienen muchas ventajas frente a hoteles sin personalidad y pueden significar para el visitante que le recojan del aeropuerto, que le ayuden y aconsejen, que pueda lavar su ropa, que los desayunos sean más suculentos y, porqué no, que encuentre amigos para toda la vida. También puede prescindir del desayuno y alquilar un apartamento turístico. Para informarse y hacer reservas hay varias agencias, entre ellas tres situadas en Nueva York: BB en Big Apple, Box 426, New York 10024 (tel. desde España 07 1 212 594 5650); The BB Group (New Yorkers at Home), 301 60th Street, New York 10022 (tel. 07 1 212 838 7015) y New World Bed and Breakfast, Suite 711, 150 Fifth Avenue, New York, NY 10011 (tel. 07 1 212 891 696).

Visitas organizadas (sightseeing)
Nueva York ofrece algo interesante a todo el mundo y cada tipo de visita organizada que se pueda imaginar ya ha sido programado por alguien. Puede realizar un paseo espiritual por Harlem; dar una vuelta en helicóptero por el cielo de Manhattan; traquetear por Staten Island en un trolebús; o surcar los aguas del río Hudson en el *Petrel*, un yate de competición de 20 metros, del año 1938 y hecho por Sparkman & Stephens. A un nivel más prosaico están un gran número de "tour operators" y otros servicios de visitas en varios idiomas, todos incluidos en las 125 entradas de la guía *"Big Apple Guide"* del New York Convention and Visitors Bureau, incluyendo:
- Gray Line New York Tours Inc., 254 West 54th Street; tel. 397 2620.
- Short Line Tours, 166 West 46th Street; tel. 354 4740.

INFORMACION BASICA PARA LOS VISITANTES

Excursiones en barco Circle Line Ferry ofrece un viaje de tres horas alrededor de la isla de Manhattan, todos los días entre marzo y diciembre, salidas desde Pier 83, que está en el extremo oeste de la calle 42 (información tel. 563 3200). También realiza excursiones diarias a la Estatua de la Libertad y a Ellis Island. Para tener un vista económica de la "skyline" de Downtown no hay nada mejor que el viaje, de 45 minutos, en el Staten Island Ferry que vale 25 centavos.

Vueltas en helicóptero Si le gusta la altura, esta es su oportunidad. Los vuelos cortos tienen unos precios bastante razonables, pero puede ser que le toque esperar un rato, ya que durante la temporada alta hay muchas colas (no se puede reservar). Hay dos compañías principales:
- Island Helicopter Sightseeing, East 34th Street Heliport; tel. 683 4547.
- Manhattan Helicopter Tours, West 30th Street y Twelfth Avenue; tel. 247 8687.

Visitas guiadas a pie Las siguientes compañías ofrecen una gran variedad de walking tours por la ciudad. Llame para informarse sobre horarios y puntos de salida:
- Central Park (Urban Rangers); tel. 860 1353.
- Lower East Side Walking Tours and Living History Museum; tel. 431 0233.
- Museum of the City of New York; tel. 534 1672.
- 92nd Street Y Tours; tel. 996 1110.

Visitas con guías particulares Visitas individuales y para grupos organizan:
- Guide Service of New York; tel. 408 3332.
- Guides Association of New York City; tel. 242 3900.

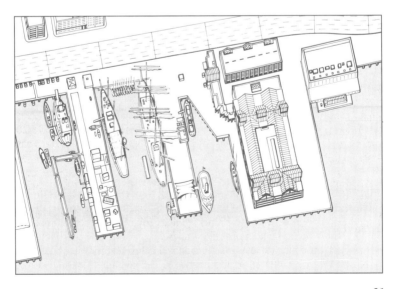

Horarios de tiendas, bancos y oficinas
Las tiendas de Midtown suelen estar abiertas desde las 9,00 o 10,00 horas hasta las 18,00 horas, de lunes a viernes, algunas tiendas también abren los domingos. Los jueves cierran más tarde, entre las 19,00 o las 21,00 horas. En los barrios, este horario varía algo: las tiendas y boutiques de Greenwich Village y del SoHo abren alrededor del mediodía y cierran bastante tarde; Lower East Side cierra los viernes por la tarde, pero está a rebosar los domingos; y el Distrito Financiero libra el fin de semana. Los establecimientos de *fast-food* y mantequerías *(delicatessen)* abren a tiempo para dar de desayunar a las masas que por la mañana van corriendo a las oficinas y suelen cerrar tarde.

El horario de los bancos es de 9,00 a 15,00 horas, aunque algunas entidades del centro cierran algo más tarde los viernes por la tarde. Muchas sucursales no cambian moneda extranjera. Citibank tiene varias sucursales donde se puede cambiar. People's Foreign Exchange, 104 East 40th Street, entre Park y Lexington Avenue (abierto de 9,00 a 18,00 de lunes a viernes, 10,30 a 15,00 horas los sábados) compra y vende divisas y también da dinero en efectivo por cheques de viaje.

El horario de oficinas suele ser de 8,00 a 17,00 de lunes a viernes.

Calendario oficial de días festivos
En New York State se respetan los siguientes días festivos: Día de Año Nuevo (1 de enero); Aniversario de Martin Luther King (tercer lunes de enero); Aniversario de Abraham Lincoln (12 de febrero); Aniversario de George Washington (tercer lunes de febrero); Memorial Day (tercer lunes de mayo); Día de la Independencia (4 de julio); Día del Trabajo (primer lunes de septiembre); Día de Colón (segundo lunes de octubre); Día de los Veteranos (11 de noviembre); Día de Acción de Gracias (tercer lunes de noviembre); Día de Navidad (25 de diciembre).

Correos
El horario de las oficinas de correos suele ser de 8,00 a 17,00 horas, de lunes a viernes. Las oficinas más importantes abren los sábados de 8,00 hasta mediodía y la Oficina Principal de Nueva York (General Post Office, Eighth Avenue y 33rd Street) abre las 24 horas de lunes a sábado. U.S. Mail tiene un servicio expreso (Express Mail Service) y también reparte paquetes postales. Pero muchas veces es más rápido y más fácil utilizar los servicios de United Parcel Service.

Teléfonos
Los teléfonos públicos se encuentran en las cabinas de las calles, en *drugstores,* gasolineras, terminales de transporte y en los vestíbulos de los hoteles. (Es mucho más barato llamar desde un teléfono público que desde la habitación del hotel). Los teléfonos públicos solamente aceptan monedas de 25c, 10c y 5c, lo cual es bastante molesto a la hora de hacer llamadas internacionales o interurbanas. Las llamadas a cobro revertido (*collect calls* o *reverse charge calls*) se realizan a través del operador (marque cero).

INFORMACION BASICA PARA LOS VISITANTES

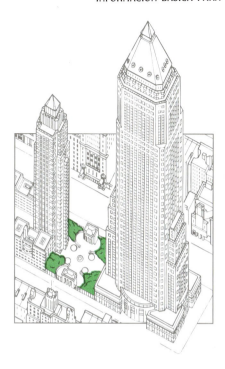

Dentro de los EE. UU., los números de teléfono tienen tres partes: el código territorial (*area code* - prefijo; tres dígitos); el código de la centralita (*exchange code*; tres dígitos); y el número personal (cuatro dígitos). Dentro del mismo área, el código inicial de tres dígitos no es necesario (p.e. 212 para New York City). En la mayoría de los teléfonos públicos, se ha de anteponer un 1 al código territorial si se llama desde fuera del área (p.e. 718 765 4321).

Antes de marcar tiene que introducir el importe mínimo (normalmente 25 centavos). Las llamadas al operador son gratis, la máquina le devolverá la moneda. La tarifa de hora punta (la más elevada) se aplica entre las 8,00 y las 17,00 horas; la tarifa normal entre las 17,00 y las 23,00 horas y la tarifa reducida entre las 23,00 y las 8,00 horas y los fines de semana.

Algunos números útiles:
- Para requerir ayuda del operador, marque 0 (cero). Si necesita un operador internacional, pida que le pongan con *International Operator*.
- Para información sobre números de Manhattan y The Bronx, marque el 411; para Brooklyn, Queens y Staten Island marque el 555 1212; para números fuera de Nueva York, tiene que averiguar el código territorial (p.e. 213 Los Angeles) y luego marque 213 (el código territorial) 555 1212.
- Para información internacional, marque el 00 *(overseas operator)*.
- El despertador telefónico tiene el número 976 1616.
- Información meteorológica de Nueva York, bajo el 976 1212.

INFORMACION BASICA PARA LOS VISITANTES

■ Los casos de emergencia se resuelven llamando al 911 (policía, bomberos y ambulancias). Para llamar desde un teléfono público, necesitará una moneda.

Publicaciones

The New York Times es una institución con una sección de fin de semana excelente que se publica los viernes e incluye tanto los acontecimientos normales como reseñas fiables. Sus rivales son el *New York Post* y el *Daily News*. El segundo tiene una edición de domingo por encima de la media que trae un valioso suplemento en el que se enuncian los acontecimientos interesantes *(City Lights)*. *Village Voice* es la llave para acceder a lo que se puede llamar las diversiones "alternativas" de la Gran Manzana. Se publica los jueves y cubre todos los acontecimientos importantes junto con algunos eventos realmente fuera de lo común. El "yuppificado" *New York Magazine* y el *New Yorker*, más literario, también dan una buena idea de lo que ocurre en la ciudad.   Buenas librerías son: B. Dalton, 666 Fifth Avenue; y Doubleday, 724 Fifth Avenue. Sobre viajes: The Complete Traveller, 199 Madison Avenue; Rand McNally Bookstore, 10 East 53rd Street; The Traveller's Bookstore, 22 West 52nd Street; y la excelente librería New York Bound, en el vestíbulo del Association Press Building, 50 Rockefeller Plaza. La biblioteca pública de Nueva York (The New York Public Library) se encuentra en 42nd Street con Fifth Avenue.

Consulados extranjeros:

- Alemania 460 Park Avenue, New York 10022 (tel. 308 8700).
- Argentina 12 West 30th Street, (tel.: 397 1400).
- Brasil 630 Fifth Avenue, 27th Floor, New York 10111, (tel. 916 3251).
- Canadá 1251 Avenue of the Americas, New York 10020 (tel. 786 2400).
- Colombia 10 E 46th Street, (tel. 949 9898).
- España 2700 15th Street N.W., Washington D.C. 20008 (tel. (202) 483 4025).
- Francia 972 Fifth Avenue, New York 10021 (tel. 439 1400).
- Gran Bretaña 845 Third Avenue, New York 10022 (tel. 752 5747).
- Italia 686 Park Avenue, New York 10021 (tel. 879 4242).
- México 8 E 41 st Street, (tel. 689 4056).
- Países Bajos One Rockefeller Plaza, 11th Floor, New York 10020 (tel. 246 1429).
- Portugal 630 Fifth Avenue, Suite 655, New York 10111, (tel. 224 645 80).

Información médica

Hospitales

El tratamiento médico en clínicas privadas es muy caro en los EE. UU., pero mucho mejor que en instituciones públicas. No deje de suscribir un seguro de viaje antes de salir de casa.

Las ambulancias transportan a los pacientes al hospital municipal más cercano. En los siguientes hospitales privados hay un servicio de urgencia durante las 24 horas: Cabrini Medical Center, 227 East 19th Street, tel. 995 6000; Mount Sinai Hospital, Madison Avenue con West 100th Street, tel. 241 7171; New York Hospital, York Avenue con 70th Street, tel. 472 5454; New York University Medical Center, First Avenue con 30th Street, tel. 340 7300; Roosevelt Hospital, 428 West 59th Street con Ninth Avenue, tel. 523 4000; y St. Vincent's Hospital, Seventh Avenue con West 11th Street, tel. 790 7997.

Farmacias por la noche
En Manhattan sólo hay una farmacia que no cierra nunca: Kaufman's, 557 Lexington Avenue con East 50th Street, tel. 755 2266. Otras que cierran tarde son: Plaza Pharmacy, 1657 Second Avenue con East 86th Street, tel. 879 3878 (hasta la medianoche, todos los días); y Windsor Pharmacy, Sixth Avenue con West 58th Street, tel. 247 1538 (a diario hasta las 23.45).

Médicos
Si necesita un médico durante su estancia en Nueva York, consulte las páginas amarillas de la guía telefónica, o acuda a una de las clínicas en las que no hay que pedir hora ("walk-in clinic"), como: Doctors Walk-In, 57 East 34th Street, entre Park y Madison Avenue, tel. 683 1010 (abierto de 8,00 a 18,00 horas de lunes a viernes, de 10,00 a 14,00 horas los sábados). Para visitas domiciliarias durante las 24 horas, llame a Doctors House Call Service, tel. 1-718 436 9020. Ambos servicios aceptan MasterCard (MC), Visa (V). Puede ser que las clínicas le exijan el pago en efectivo en el acto. Asegúrese de que le den un recibo para poder reclamar el importe a su compañía aseguradora.

Dentistas
Los dentistas también están en las páginas amarillas de la guía. El New York University College of Dentistry tiene un teléfono para urgencias (a diario, tel. 998 9872); y el Dental Emergency Service (tel. 679 3966 ó 679 4172 después de las 20,00 horas) tiene un servicio de 24 horas. Prepárese para pagar en efectivo y no se olvide del recibo.

Seguridad
Su mejor arma en las calles de Nueva York es el sentido común. Un típico turista con cámaras por todos los lados, joyas y una cartera llena de cheques de viaje tiene que atraer a la fuerza la atención de sujetos sin escrúpulos. Lleve solamente el dinero en efectivo que necesite, vístase de sport y no enseñe nada que pueda ser de valor. Adopte una actitud decidida y no se aleje de las calles bien iluminadas por la noche, o aún mejor, tome un taxi. Evite alamedas y portales oscuros. Los hombres que buscan servicios de prostitutas recorriendo ciertas calles en coche, no le pueden seguir si anda en contra de las direcciones únicas. No se meta en los parques durante la noche, y durante el día quédese en los caminos principales y junto a grupos de otras personas.

Plano del metro de Nueva York

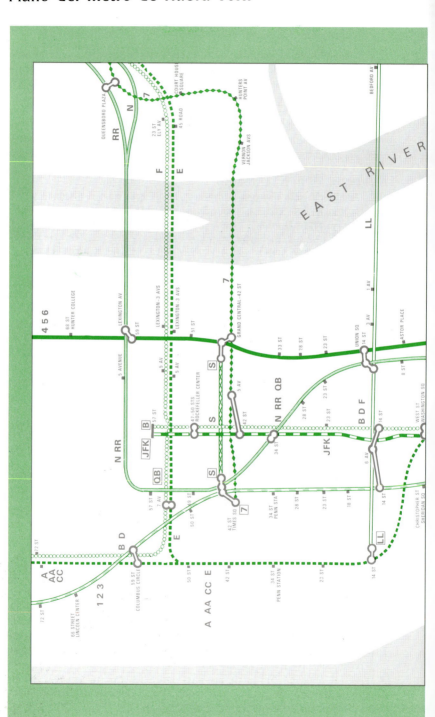

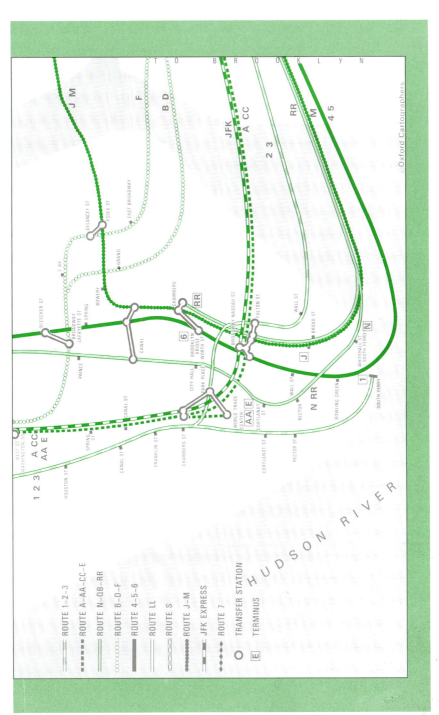

MANHATTAN
Upper East Side

La mezcla de mansiones reconvertidas y edificios de lujosos apartamentos en Fifth Avenue, salpicada de museos, institutos y consulados, no tiene parangón. Las entradas se reconocen por sus toldos, a menudo con la inevitable limusina con chófer esperando fuera. ① Una mansión de 1914, obra de Carrère y Hastings e inspirada en un castillo de Louis XIII, ahora es el **Yivo Institute For Jewish Research** (fuera del plano). ② Guste o no guste, la arquitectura del **Museo Guggenheim** aplasta las obras de arte que contiene. El único edificio de Frank Lloyd Wright en Nueva York (1959) produce opiniones encontradas, pero la mayoría piensa que su interior vale más que su aspecto exterior. Tome el ascensor hasta arriba del todo, y luego vaya bajando las escaleras y viendo las colecciones permanentes y las exposiciones de pintura del s. XX. Tras su reciente restauración el museo brilla como una patena. ③ **The National Academy of Design,** junto con su School of Fine Arts (5 E 89th St.) contiene las exposiciones de arte norteamericano y, ocasionalmente, europeo. ④ Fíjese en el **New York Road Runners Club** (al lado, nº 9), y de vez en cuando verá entrar, jadeantes y al borde de un ataque al corazón, a sus socios, los corredores de calles. En la misma calle está **St. David's** (Nos 12-16), la escuela a la que mandan sus hijos los WASPS (White Anglo-Saxon Protestants) adinerados, a la vuelta de la esquina, ⑤ **Church of the Heavenly Rest,** donde van a misa. ⑥ Con su fachada adornada y su jardín fascinante, **Cooper-Hewitt Museum** es como una ráfaga de aire fresco, muy parecido al Frick *(vea pág. 31).* Andrew Carnegie, que construyó está mansión en 1901, era amigo de Frick, y ambos fueron lo suficientemente ricos como para permitirse el raro lujo de tener un jardín. El museo está dedicado al arte decorativo y sus colecciones proceden de los fondos que reunieron Peter Cooper y su nieta Hewitt. Es la delegación en Nueva York del Smithsonian Institute. ⑦ Tres mansiones en la atractiva 91st Street: No. 1, una escuela privada para chicas, **Convent of the Sacred Heart,** construida en 1918 para Otto Kahn y claramente inspirada en la Cancillería Papal de Roma; No. 7, el **Burden House** (Warren y Wetmore, 1902) con una escalera en espiral renovada; y No. 9, el antiguo **Hammond House** (ahora el consulado de la URSS), obra de Carrère y Hastings, 1906. La hija de la casa se casó con Benny Goodman, quien solía tocar allí en los años 30.

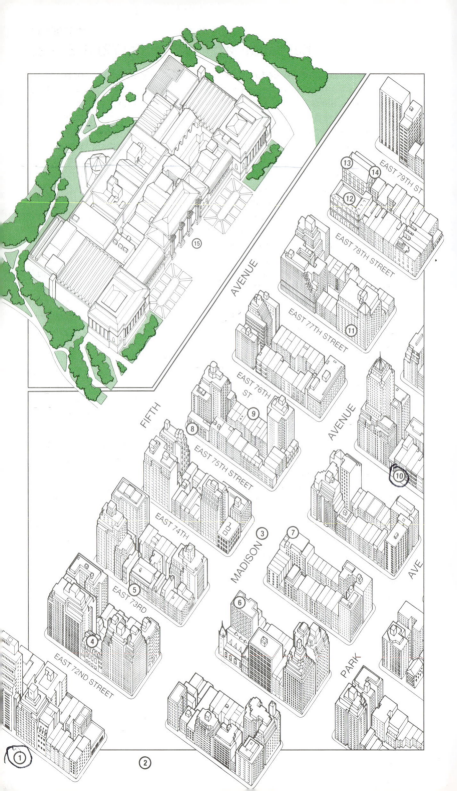

MANHATTAN
East Side a la altura de 72nd Street

Aquí comienza "la Milla de los museos", con ① la **Frick Collection** (fuera del plano), que constituye todo un alivio para las mentes de los que acaban de llegar a Nueva York. La armoniosa mansión del empresario Henry Clay Frick, está llena de exquisitas pinturas y muebles europeos. ② Una mansión en estilo *Beaux Arts* exuberante, alberga ahora la tienda **Ralph Lauren** (fuera del mapa) donde la decoración refleja los preciosos vestidos. Se trata de uno de los muchos comercios con clase, tiendas de antigüedades y galerías de arte que hacen de ③ **Madison Avenue** una de las calles de compras más singulares del mundo. ④ Dos sensacionales palacetes, Nº 7 y 9, acogen ahora al **Lycée Français.** ⑤ Una manzana elegante: fíjese en los **números 5, 11, 20, 22 y 23.** ⑥ **Fraser Morris,** la tienda favorita de los gourmet del East Side. ⑦ Erigiéndose potentemente sobre el asfalto, el **Whitney Museum of American Art,** es un intransigente edificio de arquitectura Brutalista (Marcel Breuer, 1966) que contiene una colección de arte moderno intransigente. Un estimulante contraste con el Museo Frick. ⑧ El antiguo **Harkness House** (1907), otro palacete, en este caso con una verja de hierro adornada con piñas. ⑨ **Les Pleiades ($$$),** restaurante favorecido por el mundo artístico, y **Surrey Suite Hotel ($$$).** ⑩ El **Carlyle** tiene toda la grandeza y el garbo de los grandes hoteles europeos **($$$).** ⑪ El **Mark** también tiene garbo y en poco tiempo ha sabido ganarse como clientes a caras conocidas **($$$).** Una serie de casas construidas para ser las residencias de los primeros millonarios: ⑫ la antigua **residencia de James B. Duke,** inspirada en un castillo de Bordeaux (1912); ⑬ la antigua **residencia de Payne Whitney,** obra de McKim, Mead y White (1906); y ⑭ el **Ukranian Institute of America,** gótico francés con torreón (1899). ⑮ **Metropolitan Museum of Art** (5th Ave. con 82nd St.). El mayor depósito de obras de arte del hemisferio oeste también puede resultar el más desagradable a la hora de visitarlo, pero por algo el Met está en Nueva York. A pesar de su tamaño (decenas de miles de obras de arte desde la prehistoria hasta el presente) y a pesar de su complejidad (248 galerías en 18 secciones) está totalmente lleno de vida y siempre está intentando buscar otra manera de hacer más accesible el increíble montón de tesoros. El corazón del museo se construyó en 1888 (obra del arquitecto de Central Park Calvert Vaux) con el fin de albergar una colección, donada por el Union League Club. La fachada central y el Gran Vestíbulo son añadidos posteriores, de Richard Morris Hunt (1902), y las alas de la 5th Avenue son obra de McKim, Mead y White (1906). Los arquitectos Roche, Dinkeloo and Assoc. añadieron más alas entre 1975 y 1987. Suba las escaleras centrales, entre en el magistral Gran Vestíbulo, dedique algún tiempo a recoger información y luego siga con su viaje de descubrimiento.

MANHATTAN
Lincoln Center

① Construido en los años 60 en medio de una fuerte controversia, el **Lincoln Center for the Performing Arts** ha logrado reunir lo mejor de la música, del teatro , de la ópera y del ballet de Nueva York. El diseño —edificios clásicos agrupados alrededor de una plaza peatonal— se inspira en el Capitolio de Roma. El mejor sitio para tener una buena vista de la plaza, que antes de empezar la función está llena de vida, es su restaurante con aires del Ritz **Grand Tier ($$$)**. ② El **Vivian Beaumont Theater**, después de unos años difíciles vuelve a tener éxito en los últimos tiempos. En el sótano está el **Mitzi E. Newhouse Theater,** experimental, y arriba la **Library and Museum of the Performing Arts,** donde las piezas expuestas abarcan desde vestuarios y diseños de decorados hasta guiones y partituras. ③ **Julliard School of Music and Recital Hall.** Un puente conecta el componente más joven, y arquitectonicamente más brutal, con el resto del complejo. Esta escuela prestigiosa se fundó en 1905. ④ **Alice Tully Hall,** diseñado para acoger recitales y música de cámara. ⑤ Con sus dos grandes murales de Chagall flanqueando la entrada y la doble escalera, con su dramática alfombra roja, el monumental **Metropolitan Opera House** cumple más que satisfactoriamente con su papel de punto central de la Plaza. ⑥ La **Avery Fisher Hall** tiene un impresionante auditorio con paneles de madera que es famoso por su acústica. También es la sede del Festival de Cine de Nueva York. ⑦ El **Guggenheim Band Shell** en **Damrosch Park** es el escenario de conciertos al aire libre. ⑧ **New York State Theater,** el impresionante hogar de las compañías New York City Ballet and Opera. Encima de la amplia entrada se encuentra el foyer en forma de galería, con barandillas doradas en cada uno de sus seis niveles. ⑨ **O'Neal's** (48 W 63rd St.; escondido) un animado pub, muy apropiado para tomarse algo antes de ir al teatro **($$)**. ⑩ El modernizado **Empire Hotel ($$)** facilita clase, confort e importancia. ⑪ Las curvas del **Lincoln Plaza Tower** (1979) hacen recordar los años 30. Se nota que el Lincoln Center ha impregnado sus alrededores con algo de cultura, sobre todo en ⑫ los comercios **Schirmer Music** y ⑬ **The Ballet Shop,** donde venden lo que tiene que ver con el tipo de arte que la gente de Nueva York aprecia más. ⑭ Una joya del *art decó* en el desierto que se extiende al sur del Lincoln Center es **43 West 61st Street,** una bella torre, construida como uno de los primeros garages ``automáticos'' (o sea con ascensor). ⑮ Alojada en un edificio de mediana altura de los años 60 que tiene una gran escalera de vigas de hormigón que se asoma sobre el Broadway, la **American Bible Society** expone objetos tan singulares como los fragmentos de los manuscritos del mar Muerto y páginas de la biblia de Gutemberg.

MANHATTAN
Central Park West

Central Park West comienza con un buen hotel que tiene precios razonables, ① el **Mayflower ($$)**. ② La **New York Society for Ethical Culture** fue la primera obra de Robert Kohn en estilo Art Nouveau (1910). Detrás de él ③ está el **Westside YMCA** (5 W 63rd St.). ④ Un descanso en el desfile de los elegantes edificios de apartamentos para una iglesia interesante, la **Holy Trinity Lutheran** donde hay conciertos de música religiosa. ⑤ La comida y el servicio pueden variar, pero los neoyorquinos le dirán que no hay nada más mágico que la Habitación de Cristal del **Tavern on the Green** cuando fuera está cayendo la nieve, o su jardín en una tarde de verano. Arboles con miles de luces, poneys y tartanas esperando fuera y una decoración sin igual se suman a la atmósfera romántica de su restaurante famoso aunque a veces imperfecto. **($$$)**. Más romántico aún es el **Café des Artistes** con su ambiente nostálgico al que contribuyen los murales de los años 30 representando mujeres castamente desnudas, buena comida **($$$)**. ⑥ El café está en uno de los edificios de apartamentos históricos de West Side, el **Hôtel des Artistes** (1913), cuya llamativa arquitectura atrajo a una serie de residentes famosos. Otros edificios de este tipo (todos fuera de plano) son el **Dakota, donde vivió y murió John Lennon, Ansonia** y **Apthorp Apartments.** ⑦ Entre una larga serie de restaurantes del Lincoln son notables **Ginger Man** (51 W 64th St.; $$) y **Sfuzzi** (58 W 65th St.; $$; escondido). El primero se reconoce por una réplica de la Estatua de la Libertad de 15 metros de altura que tiene en el tejado. ⑧ El **Museum of American Folk Art,** una agradable y dulce colección de lo mejor del arte popular desde tiempos coloniales hasta la actualidad que pronto se trasladará a W 53rd Street. Desde ⑨ **Lincoln Square** sale hacia el norte **Columbus Avenue** (fuera de plano), con sus cafés con terrazas, sus restaurantes de todo tipo, tiendas de comestibles que no cierran nunca y una gran variedad de comercios. Es una avenida relajada, despierta y siempre llena de gente. Hacia el oeste, Amsterdam Avenue, Broadway y West End Avenue trazan un recorrido paralelo por un mar de elegantes edificio de apartamentos, antes descuidados y ahora adecentados. El West Side se ha convertido en la residencia de muchos neoyorquinos adinerados que encuentran que el East Side es demasiado cursi, demasiado impecable y no adecuado a su gusto. Los dos lados de Central Park son tan diferentes como el día de la noche, pero ambos están bien, por lo menos hasta la altura de las calles 80. No se pierda **Zabar's** un sorprendente y volátil emporio de la alimentación y una institución en Nueva York (2245 Broadway con 80th St.). El **American Museum of Natural History** está en CPW (Central Park West) con 79th St. (fuera del plano)

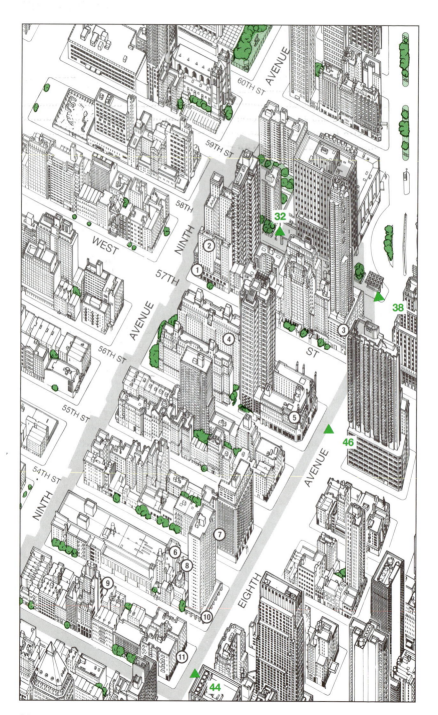

MANHATTAN
San Juan Hill

Al sur-oeste de Columbus Circle, el barrio se deteriora notablemente; las calles con algún que otro edificio de apartamentos decente se convierte en una especie de tierra de nadie, cercana a Clinton, más conocido como Hell's Kitchen (cocina del infierno), el Garment Center y el Theater District. ① Situado en los alrededores del cruce de West 57th Street con 9th Avenue, **San Juan Hill** fue un asentamiento negro a principios de siglo y su nombre proviene de una valiente acción de una unidad de soldados de color durante la Guerra Hispanoamericana. ② 353 W 57th Street fue construido en 1929 como el hogar de la **American Women's Association.** Durante la Segunda Guerra se convirtió en un cuartel para oficiales y después fue el Henry Hudson Hotel, ahora es la sede de la compañía de televisión, WNET. Si le gustan las alturas, pruebe el aéreo puente que comunica los jardines que están en los tejados de los dos edificios contiguos. ③ **One Central Park Place** una torre de apartamentos delgada y alta (1988; Davis y Brody). ④ Los lujosos **Parc Vendôme Apartments** (Henry Mandel, años 30), construidos en el emplazamiento que se había reservado a un segundo Metropolitan Opera House que nunca se llegó a construir. ⑤ **Hearst Magazine Building** (1928), un edificio excéntrico construido al estilo del pabellón de la "Sezession" de Viena que forma la base para una torre, lo que explica su aspecto recortado y la extraña manera en la que sus obeliscos sobresalen de su tejado. ⑥ El **American Theater of Actors** (314 W 54th St.; escondido) está en un palacio del s. XIX en estilo *Beaux Arts*, ahora animado con una fachada en colores brillantes. ⑦ Un edificio de ladrillos en estilo románico que comenzó como edificio de oficinas y que ahora es la **St. George Tropoforos Hellenic Orthodox Church.** ⑧ Tal como estamos acostumbrados por las series de televisión, todo es acción en el **Midtown North Precinct** del Departamento de Policía de New York City, ubicado en un edificio de los años 30 cuyos portales tienen atractivas lámparas en estilo Art Decó. ⑨ Una joya en esta zona inhóspita es la bonita iglesia católica **St. Benedict's Church,** en estilo *Italianate*. Otras dos sorpresas agradables son los restaurantes italianos ⑩ **Da Tommaso ($$),** un sitio ameno y sencillo que sirve comida regional casera, y, ligeramente más sofisticado y con un mural en su techo, ⑪ **Caffè Cielo ($$),** que con sus especialidades norteñas atrae a los visitantes de los teatros. En ambos casos el precio se corresponde con lo que se ofrece.

MANHATTAN
Columbus Circle

Caminando hacia el norte por una de las grandes avenidas, en este caso la 7.ª, y conforme vaya acercándose a Central Park, la vista deja de toparse con los obstáculos de los edificios altos. Un sentimiento de libertad bien acogido se impone al percatarse del verdor y de los espacios abiertos. ① **Columbus Circle,** donde Broadway toca una esquina de Central Park antes de abrirse camino a través del Upper West Side, es un punto destacado que en estos años se ha visto rodeado del rugiente tráfico, y ni Colón mismo (Gaetano Russo, 1892, en el centro) y ni ② el **Maine Memorial** (Magonigle y Piccirilli, 1913) logran salvar la situación. ③ El **New York Convention and Visitors Bureau** (oficina de información), se encuentra en un singular edificio al estilo arabesco. ④ **Hard Rock Café** (221 W 57th St.; escondido). La parte trasera de un Cadillac, dispuesto en forma de toldo de entrada, señala el local, conocido por sus colas, su ruido y sus hamburguesas enormes y suculentas **($$).** ⑤ Elegancia *fin de siècle* para la **Art Students League.** ⑥ Entre en el lujoso vestíbulo de mármol de Osborne, diseñado por Tiffany según el gusto de los lujosos edificios de apartamentos alrededor de 1885 y sin cambios desde entonces. Leonard Bernstein escribió el guión de *West Side Story* mientras vivía allí. ⑦ La fachada de **Alwyn Court** (180 W 58th St.; escondido) de 1909, está —ver para creer— plagada de dragones. Al lado se sirve caviar, el alimento más caro del mundo, en el ambiente convenientemente exclusivo de **Petrossian ($$$).** ⑧ **Hotel Salisbury:** las habitaciones familiares con pequeñas cocinas valen su dinero **($$).** ⑨ Labios y narices parecen haber sido una obsesión de Milton Glaser cuando diseñó la animada **Trattoria Dell' Arte** que se enorgullece de poseer un gran selección de antipasti **($$).** ⑩ La **Carnegie Hall** se inauguró en 1891 con un concierto dirigido por Tchaikovsky y desde aquél entonces es un sitio legendario de la música, tanto clásica como popular. En 1986, tras escapar por poco de su demolición, fue muy bien restaurada. ⑪ Uno de los restaurantes verdaderamente indiosincrático de Nueva York es el **Russian Tea Room** (150 W 57th St.; escondido), amado por las personas célebres por sus panecillos rusos con caviar, su vodka y su decoración festiva **($$$).** ⑫ Sienta la atmósfera de escalofrío en el **Mysterious Bookshop,** reforzada por su suelo de tarimas crujientes, la escalera en espiral y estanterías llenas de novelas de misterio y de detectives, tanto de segunda mano como nuevas. ⑬ El hotel **Parker Meridien,** de propiedad francesa, mira por la salud de los ejecutivos que han descubierto su cuerpo; tiene hasta una pista de *futing* en el tejado **($$$).** ⑭ **New York Deli** (104 W 57th St.; escondido; **$**): un antiguo ``restaurante automático'' *(vea pág. 103)* que aún mantiene su decoración de los años 30.

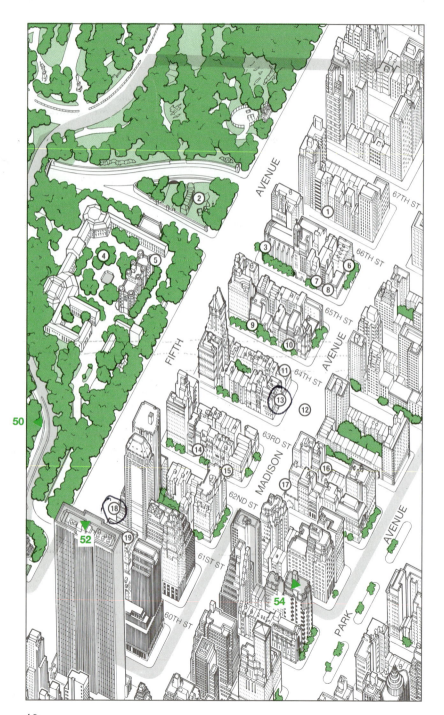

MANHATTAN
East Side

Cuando en el año 1896 la famosa Mrs Astor buscó refugio del barullo del centro en este suburbio con mejor atmósfera, la sociedad se trasladó junto con ella, y los años siguientes estuvieron marcados por la construcción de mansiones de tipo renacentista. Muchas han sido destruidas para construir apartamentos lujosos, pero todavía quedan bastantes, aunque ya no son residencias privadas sino clubes y consulados. ① Un bastión de las artes es el **Lotus Club,** alojado en una mansión al estilo *Beaux Arts* extravagante que fue construido para Margaret Vanderbilt Shepard. ② Llamas, patos moscovitas, un arca de Noé pintada y un castillo a escala hacen de **Children's Zoo** un paraíso para los más pequeños. ③ Sobre el anterior emplazamiento de la mansión de Mrs Astor está el impresionante **Temple Emanu-El** (1929) en estilo morisco. ④ Renovado en 1988, el Zoo se enorgullece de sus más de 100 especies, la mayoría de ellas en entornos naturales. ⑤ Lleno de hiedras y en forma de castillo, el Departamento de Parques, construido como un **Arsenal** en 1848. ⑥ La ventana de **Churchill,** lleno de misterios y maravillas, desde figuras de yeso hasta gafas de sol con monturas de transatlánticos. ⑦ **Kosciuszko Fundation,** en una elegante mansión de piedra caliza, antes propiedad de van Alen, que prefirió emigrar a Europa antes de soportar la Prohibición. ⑧ Al girar una llave, las minúsculas bailarinas hacen piruetas y los caballitos suben y bajan al son de la música en **Rita Ford's Music Boxes,** una tienda tentadora que vende cajas de música de todos los tamaños y formas, antiguas y modernas. ⑨ El formidable **India House** en estilo *Beaux Arts.* ⑩ **Wildenstein,** una galería con un ambiente inmejorable. ⑪ Una joya colonial es el **Chase Manhattan Bank** (1932) hecho de ladrillos rojos. ⑫ **Madison Avenue,** bordeada con comercios elegantes que suministran todo lo que pueda necesitar el East Side; cuero blando en **The Coach Store** (No. 710); sillas de montar para cazar y jugar al polo en **K.J. Knoud Saddlery** (No. 716); cretonas inglesas en **Laura Ashley** (No. 714); algodón de **E. Braun** (No. 717); cristal francés en **Lalique** (No. 680). ⑬ **Le Relais,** muy *chic,* muy parisino, hasta las mesas que están sobre la acera **($$).** ⑭ **Fifth Avenue Synagogue** (1956). ⑮ **Arcadia,** un muy adecuado mural representando la Arcadia decora las paredes de este pequeño restaurante elegante, donde la cocina constituye una sorpresa y una delicia **($$$).** ⑯ Una chocante entrada rosa en estilo *Art Deco* da la bienvenida a los clientes del **Hotel Lowell ($$),** pequeño y encantador. ⑰ Un sorprendente edificio tardío de McKim, Mead y White, todo en mármol, cristal y detalles en latón y rematado con un observatorio de 1986, alberga el **The Limited,** comercio de ropa informal. ⑱ fundado por un *chef* de Park Avenue, el **Hotel Pierre** irradia lujo al estilo europeo **($$$).** ⑲ **Metropolitan Club,** alojado en un *palazzo* de McKim, Mead y White, fundado por J. F. Morgan después de que fuera vetado en la Union League.

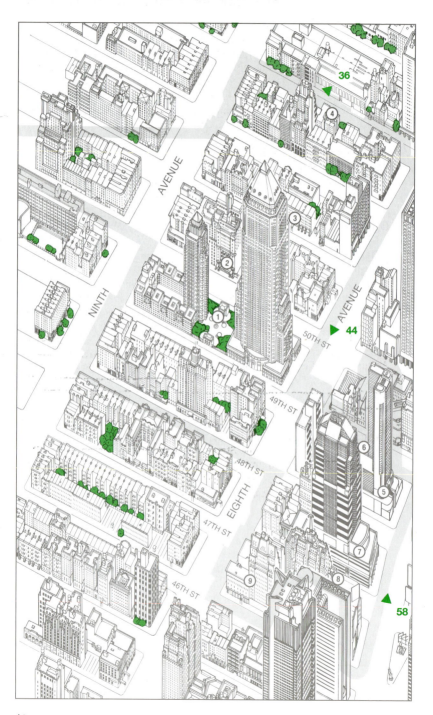

MANHATTAN
Al oeste de Times Square/Clinton

La Ninth Avenue es el límite oeste del Theater District *(vea pág. 57)* y el comienzo de la notoria Hell's Kitchen (cocina del infierno), que por cortesía recibió el nuevo nombre de Clinton. Este largo trozo del Manhattan central que se extiende más allá del río Hudson y al sur de las calles 30 West antes fue, como el Bronx de hoy en día, una jungla poco recomendable. Hasta bien entrados los años veinte mandaron aquí las bandas muchas veces enfrentadas y miles de inmigrantes se afanaron en los mataderos y las fábricas de los negreros, malviviendo en los *slums*. Clinton ha mejorado en estos días, pero aun no ha sido adecentado del todo y permanece en un estado francamente desolado. Aquí, en los márgenes del Theater District y de Clinton, ① **World Wide Plaza** es un intento de extender la zona residencial y comercial hacia el oeste. Construido en 1989, este complejo gigantesco de apartamentos y de oficinas está ubicado sobre lo que fuera el segundo emplazamiento de Madison Square Garden *(vea pág. 85)*. Un grupo de agradables *bistros* franceses incluye ② **Chez Napoleon** (365 W 50th St.; **$$**); y ③ **Les Pyrénées, Tout Va Bien** (jardín en verano) y **Renée Pujol** (Nos 251, 311 y 321 W 51st St, todos **$$**). ④ **St. Benedict Church** tiene una fachada clasicista remozada (1869). ⑤ Los famosos hoteles antiguos de Times Square (Astor, Knickerbocker, etc.) se renovaron para aumentar su aire elegante y alegre. Hoy en día son todo lujo y *glamour* pero carecen de personalidad. Este es el **Crowne Plaza ($$$)**. ⑥ Entre los teatros de esta zona están el **Eugene O'Neill** (230 W 49th St.; escondido). El dramaturgo nació en 1888 en un hotel de Times Square, desaparecido hace tiempo. Este teatro que en 1947 representó el primer gran éxito de Arthur Miller, *All My Sons*, ahora es propiedad de otro gran dramaturgo norteamericano, Neil Simon. ⑦ El teatro **Barrymore** debe su nombre a otro grande de la escena, Ethel Barrymore. ⑧ El **Edison Hotel** (228 W 47th St.; escondido) fue diseñado en 1931 por Herbert J. Krapp, que también es el responsable de los dos teatros antes mencionados **($$)**. ⑨ El hotel **Paramount ($$$)**, la última aventura hotelera de los diseñadores/propietarios Ian Schrager y Philippe Starck que también nos dieron el Royalton *(vea pág. 79)*. De nuevo un hotel venido a menos ha sido transformado en algo que hay que verlo para creerlo. El éxito está asegurado: ya en el momento de su inauguración en 1990, las reservas lo coparon para todo el año siguiente.

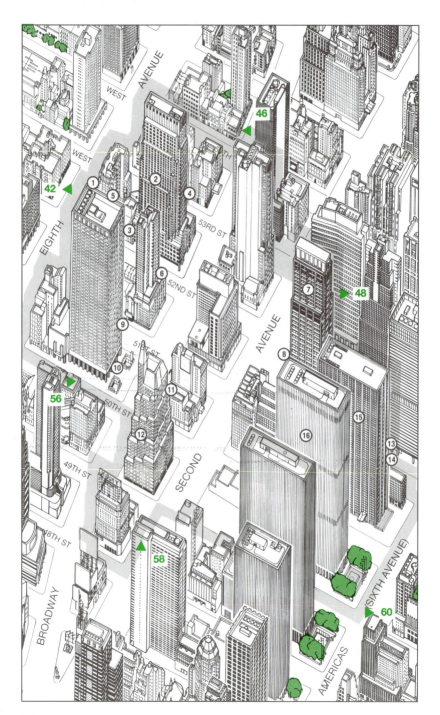

MANHATTAN
Theater District norte

Al trasladarse el centro de la ciudad hacia el norte, el Theater District le siguió. ① En **Bangkok Cuisine** (885 8th Ave.; escondido; **$**) se sirve comida tailandesa, deliciosamente aderezada con especies, que encantará a su paladar. ② **1675 Broadway,** una torre de granito que alberga oficinas y un teatro, fue construido en 1989 contrayendo un deuda arquitectónica con el vecino RCA Building *(vea pág. 61).* ③ **Roseland** (239 W 52nd St.; escondido), una famosa sala de baile hecha inmortal en una película, donde respetables señoras con pelos azulados bailan el vals alrededor de un antiguo anillo de hielo, con un ojo vigilando sus pies y otro ojeando viudos de buen ver. ④ **Broadway Theater** (1924) vivió muchas representaciones memorables, entre ellas *Gypsy* de Ethel Merman. ⑤ **Neil Simon** (250 W 52nd St.; escondido), teatro que abrió sus puertas como teatro Alvin en 1927 con el musical *Funny Face* de Gershwin, el papel principal lo interpretó Fred Astaire. ⑥ En **Gallagher's** (228 W 52nd St.; escondido), en este *steak-house* a la antigua, donde sirven la carne recién preparada, puede inspeccionar su *steak* en el escaparate antes de entrar **($$$).** ⑦ **Equitable Center** (1986), un imponente edificio de granito rosa con un atrio agradable y animado por un vasto mural de Roy Lichtenstein. También contiene una dependencia del **Whitney Museum of American Art.** ⑧ Los forofos del bar **Bellini by Cipriani** (777 7th Ave.; escondido) no permiten, como en el caso de Harry's Bar de Venecia, ni una palabra en su contra; los críticos lo califican como demasiado pretencioso y los precios están por las nubes. Pero las pastas son realmente excelentes. El año 1972 vio nacer dos nuevos teatros en Broadway, ⑨ el **Gershwin,** y ⑩ el **Circle in the Square,** que comenzó su andadura en Greenwich Village y que desde aquel entonces ha cosechado tanto la aclamación de los críticos como el éxito financiero. Al otro lado de la calle está ⑪ el sorprendente teatro **Winter Garden** de W.A. Swasey, inaugurado por Al Jolson en 1911. Debe su fama al éxito de los *musicales* que albergó, desde los *Ziegfeld Follies* hasta *Westside Story.* ⑫ El edificio elegante de oficinas de **750 Seventh Avenue** (1989) obra de los arquitectos de la Sede Central de Morgan Bank (Roche, Dinkeloo and Associates). ⑬ **Le Bernadin** (155 W 51st St.; escondido), impecable restaurante de mariscos **($$$).** ⑭ El **Grand Bay Hotel** (152 W 51st St.; escondido) combina opulencia —candelabros de cristal y suelos de mármol— con un toque personal —albornoces y baños de burbujas en cada habitación **($$$).** Partes del Rockefeller Center *(vea pág. 61),* ⑮ **Time Life Building** (1959) y ⑯ **Exxon Building** (1971), ambos obra de Harrison, Abramovitz y Harris.

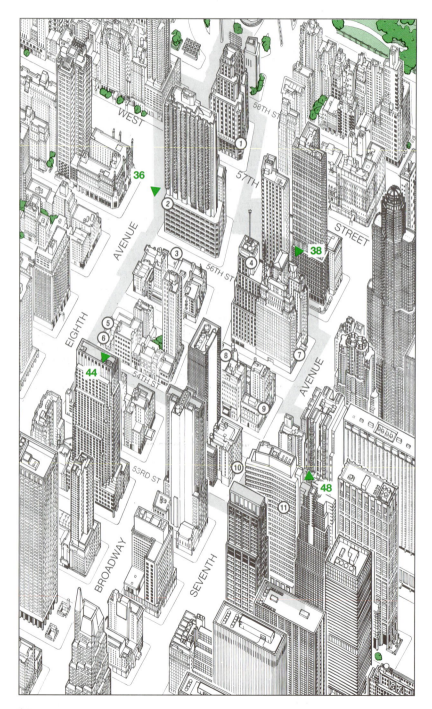

MANHATTAN
Al sur de Columbus Circle

En los márgenes del Theater District, ① **Coliseum Books** es una librería acogedora que cubre una amplia gama desde deportes hasta ordenadores, desde libros de bolsillos de gran venta hasta libros universitarios, y además cierra muy tarde. ② Su extraordinaria cocina norteamericana encuadrada en una decoración congénita hace de **Symphony Café** (950 8th Ave.,- escondido) una excelente propuesta para una cena ligera antes o después de acudir a los conciertos de Carnegie Hall **($$)**. ③ **India Pavilion** (240 W 56th St.; escondido), un fiable recurso estilo de la India **($)**. ④ **MONY Tower,** de los años 1950, sede central de la Mutual of New York Insurance Company, y con un mástil que es una variación de la veleta con alta tecnología. Luces de distintos colores predicen sol, nubes lluvia y nieve; si las luces suben, subirán las temperaturas; si descienden, bajarán. ⑤ Comida mejicana rápida pero de buena calidad y aperitivos generosos y letales se sirven en **Caramba,** refugio de una pandilla ruidosa y joven de gentes del teatro **($)**. Al lado está ⑥ **Siam Inn,** con exquisita comida tailandesa en un entorno sencillo, no sobrecargado **($)**. ⑦ El vestíbulo postmoderno, años 80, y la *brasserie*-restaurante del **Omni Park Central** ya no tienen nada que ver con el ambiente de los años 20 y 30, cuando el hotel fue un conocido punto de encuentro de *gangsters* y contrabandistas de licores **($$$)**. ⑧ **Broadway Diner** (1726 Broadway; escondido), es una réplica de un diner (restaurante económico) de los años 50; las hamburguesas no sólo son buenas sino también baratas **($)**. ⑨ Situada en el corazón de lo que se conoce como ''deliland'' (país de los *delicatessen*), la mantequería *kosher* típica **Carnegie Deli** tal vez es la más famosa de Nueva York y fue trasladada al celuloide en la película *Broadway Danny Rose* de Woody Allen. Las enormes raciones aseguran la indigestión, pero vale la pena: el pastrami, los *blintzes*, el *corned beef*, las *meat balls* y el *cheesecake* no tienen parangón **($)**. ⑩ Aunque no se puede comparar, el **Stage Deli** (834 7th Ave.) que sin embargo se asemeja algo a los decorados de *Guys and Dolls*, es renombrado por sus deliciosas *pastrami on rye* **($)**. ⑪ **Sheraton Centre,** un hotel para ejecutivos confortable y bien llevado, con todos los toques personales —albornoces, mantas eléctricas, camas que se bajan por la noche— pero sin el carácter y la elegancia de los grandes hoteles de Nueva York **($$$)**.

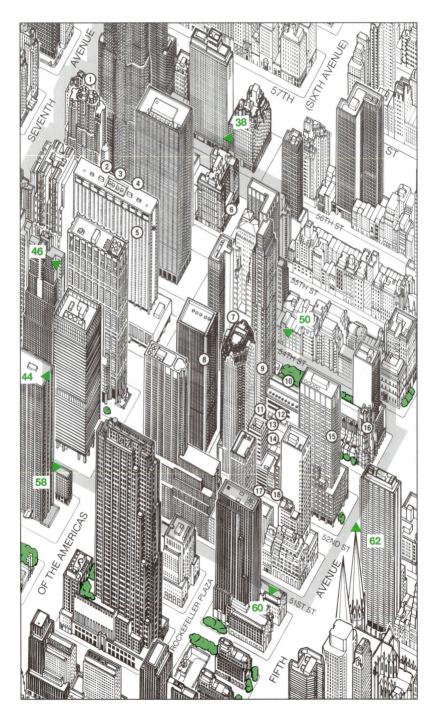

MANHATTAN
Avenue of the Americas
a la altura de la calle 40

① El **Hotel Wellington ($$)** es una delicia en estilo *Art Deco*. ② El **Ziegfeld Theater** (154 W 55th St.; escondido) en estilo románico, ahora es un cine pero en sus comienzos (años 80 del siglo pasado) fue un establo. ③ En el **City Center of Music and Drama** (135 W 55th St.; escondido), construido en 1924 como el **Mecca Temple** (aun lo recuerda su arquitectura morisca) se representan ahora ballet y danza contemporánea. ④ Los tarros repletos de golosinas multicolores, regaliz y otros dulces seducirán a cualquiera que lleve algo de dinero suelto a gastárselo en **Sandler's Sweet Shop** (140 W 55th St.; escondido), una tienda simpáticamente anticuada. ⑤ **New York Hilton** (1963), un lujoso hotel con más de 2.000 habitaciones **($$$)**. ⑥ Corrado, un restaurante con comida del norte de Italia donde la pasta y el *risotto* son excelentes **($$$)**. ⑦ **Hotel Dorset,** confortable, sin pretensiones e infravalorado **($$$)**. ⑧ Apodado como "Black Rock" (piedra negra), el único rascacielos de Eero Saarinen, el **CBS Building** (1965) es una torre de granito negro. ⑨ El lujoso edificio de apartamentos de Caesar Pelli, **Museum Tower,** construido en 1983 para ayudar económicamente al ⑩ **Museum of Modern Art,** conocido como el MOMA y alojado en un edificio sorprendente que, antes de su ampliación, fue un representante del más puro Estilo Internacional (1939). La flor y nata de las colecciones del MOMA abarca obras de Picasso, Matisse, Hopper, de Kooning y Rothko, textiles y muebles del *Bauhaus*, y secciones de cine y de arquitectura. La atracción principal es tal vez el tranquilo **Sculpture Garden** de Philip Johnson. ⑪ Todo tipo de artesanía en todo tipo de materiales —algunos serios, otros de broma— se encuentran en el **American Craft Museum** (40 W 53rd St.; escondido). ⑫ **MOMA Design Store** (44 W 53rd St.; escondido), el sitio donde comprar un sofá de Le Corbusier, una mesa de Eileen Gray, o utensilios de escritorio para ejecutivos. ⑬ Las columnas acanaladas del **E.F. Hutton Building** (Roche, Dinkeloo and Associates, 1986) fueron los prototipos para el zoo de Central Park *(vea pág. 41).* ⑭ **Donnell Library Center,** dependencia de la New York Public Library (biblioteca pública), fundada con el legado de un comerciante en textiles. ⑮ El **Tishman Building,** revestido de aluminio. ⑯ **St. Thomas' Church,** neo-gótico y de Bogus (1914). ⑰ El nuevo hogar del excelente **Museum of TV and Radio.** ⑱ **21 Club,** las figuras de jockeys famosos sobre las verjas que están fuera de su antiguo *speakeasy* (bar clandestino), hoy convertido en punto de encuentro de la *high society.*

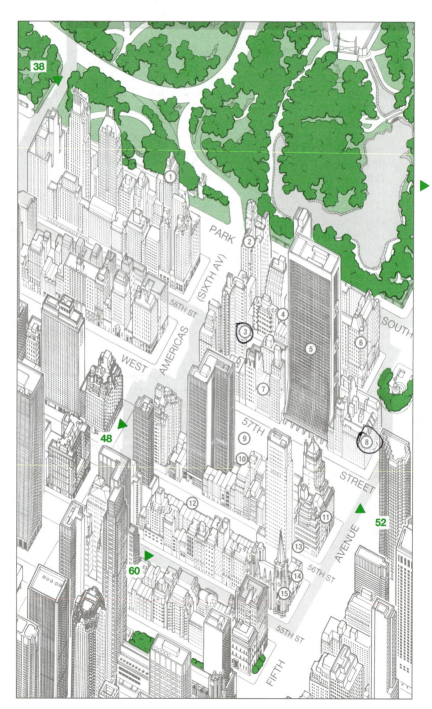

MANHATTAN
Fifth Avenue con West 57th Street

Llena de apartamentos, hoteles, galerías y comercios elegantes, Fifth Avenue se ha ganado, en la zona que queda el sur del Central Park, el sobrenombre de "The Gold Coast" (costa de oro). ① Inspirado en el Ritz de Londres, **Ritz-Carlton ($$$)** está decorado al auténtico estilo británico, con cretona y láminas con motivos de caza; las mejores habitaciones tienen buenas vistas sobre el parque. Su restaurante, **The Jockey Club,** con decoración a tono, es un sitio popular para suculentos almuerzos **($$$).** ② **St. Moritz** (50 Central Park South; escondido), hotel ejecutivo **($$)**, más conocido por su terraza acogedora, el Café de la Paix y su salón de helados, Rumpelmayer's, cuyos chocolates y helados no olvidará nunca. ③ Pescado fresco, postres fastuosos y una carta de vino fuera de lo normal hace que **Manhattan Ocean Club** (57 W 58th St.; escondido) pueda competir por el título de ser la mejor marisquería **($$$).** ④ **Wyndham Hotel** (42 W 58th St.; escondido), buena relación calidad —precio, pero suficientemente elegante para atraer a los actores de visita en Broadway **($$).** ⑤ El inclinado **Solow Building,** hermano del Grace Building *(vea pág. 79),* una variación controvertida de los rascacielos. ⑥ Un símbolo de Manhattan por derecho propio es el majestuoso **Plaza Hotel,** obra de Hardenbergh y de principios de siglo **($$$).** Su opulencia (alfombras gruesas, oro) siempre ha atraído a los ricos y los famosos, desde Frank Lloyd Wright hasta los Beatles. Tome el té en el espléndido **Palm Court,** *cocktails* en el **Oak Bar,** recinto de madera obscura y de charlas, almuerce en **Trader Vic's ($$)** en el excelente **Oyster Bar ($$$).** ⑦ Escondida tras una fachada atractiva de hierro fundido (1905), la librería **Rizzoli Bookstore** es encantadora y tiene paneles de madera. Disfrute de su selecta sección de arte, desde Bach a Mozart. ⑧ El santuario secreto de la moda, **Bergdorf Goodman** desprende estilo desde sus suelos de mármol hasta los vestidos sorprendentes de Armani, Lacroix, Ralph Lauren y otros por el estilo. ⑨ **West 57th Street,** hogar de un gran número de galerías de arte. ⑩ **Charivari 57** (18 W 57th St.; escondido), moda para hombre y mujer. ⑪ La primera exposición del MOMA *(vea pág. 49) se instaló en el año 1929 en el* **Crown Building** de Warren y Wetmore; ahora el edificio alberga **Bulgari y Ferragamo.** ⑫ **Darbar** (44 W 56th St.; escondido), un rincón de la India con decoración auténtica y platos *Mogul* que hacen la boca agua **($$).** ⑬ **OMO Norma Kamali** (11 W 57th St.; escondido), moda inovadora desde bikinis de piel de leopardo hasta trajes de boda de satén. ⑭ "El rey de los diamantes", **Harry Winston** vende piedras de clase superior en un entorno rimbombante. ⑮ De acuerdo con sus doctrinas, la **Fifth Avenue Presbyterian Church** tiene un aire sobrio, tanto por su fachada neo-gótica exterior como por sus interiores de maderas oscuras.

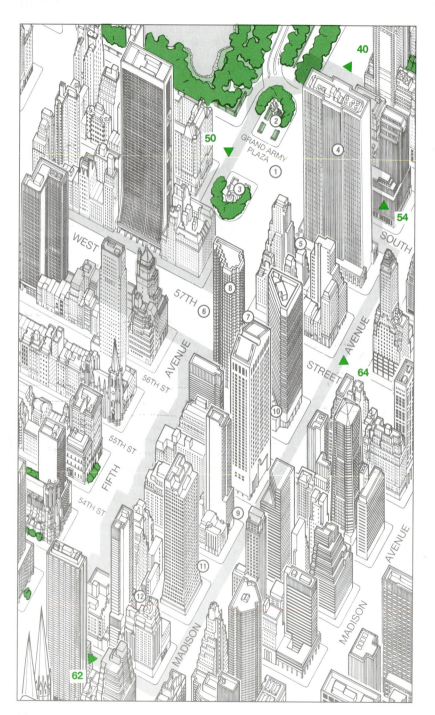

MANHATTAN
The Plaza

En ninguna parte de Nueva York se siente de manera más inmediata el magnetismo y la fuerza de la plaza pública que en esta parte de la Fifth Avenue, ya cerca de Central Park. Tras ① **The Plaza,** los magníficos comercios y hoteles de la Avenida dan lugar a las viviendas igualmente grandiosas que bordean Central Park. ② La estatua ecuestre del **General Sherman** (1900) lleva tanto oro que parece una baratija de una tienda de recuerdos. Mucho más gracia tiene ③ la **Pullitzer Fountain** (fuente; 1915) de Carrère y Hastings. En la Plaza se pueden alquilar coches de caballos para dar un paseo romántico por Central Park. ④ El **General Motors Building** (1963), rompe la grandeza íntima de la Plaza con sus vertiginosas rayas de mármol de Georgia y de cristal negro. En frente se encuentra una "mini-plaza" con un falso césped. El edificio de GM es el nuevo hogar de ⑤ **F.A.O Schwarz** (escondido), un legendario comercio de juguetes, donde encontrará jirafas de tamaño natural, coches deportivos a escala y otras cosas por el estilo. En la esquina opuesta (SE, con E 58th Street) está el **Bergdorf Goodman Mens Store,** un comercio completamente nuevo. ⑥ **57th Street** es la calle de compras más elegante de Nueva York, una zona de categoría: tiendas de moda y de artículos de belleza, joyeros y galerías de arte. En esta parte están: **Laura Ashley** (No. 21), **Jaeger** (No. 19), **Wally Findlay Gallery** (No. 17), **Hermes** (No. 11), **Burberry's** (No. 9), **Chanel** (No. 5) y **Ann Taylor** (No. 3), especializada en trajes que atraen a todas las edades y clases. ⑦ No se deje impresionar por **Tiffany's** (727 5th Ave.; escondido). A pesar de todo su brillo y *glamour*, no deja de ser un comercio accesible en el que puede encontrar algo sorprendentemente económico como para llevárselo a casa en una de las codiciadas cajas de Tiffany. ⑧ **Trump Tower,** un monumento a la avaricia y locura de los años 80. Su atrio de seis plantas, con comercios exclusivos, no deja de ser una ostentación sin límites. En esta parte de 5th Avenue, hasta E 53rd Street, encontrará **Steuben Glass** (No. 717), **Godiva Chocolateer** (No. 701), **Elizabeth Arden** (No. 691), **Gucci** (No. 683) y **Fortunoff** (No. 681). ⑨ **La Côte Basque** (5 E 55th St.; escondido). Cocina francesa clásica servida con pompa en un ambiente pintoresco que hace recordar los *quais* de Paris **($$$).** ⑩ La galería insípida del **ATT Building** incluye el famoso **Quilted Giraffe,** con su cocina fuera de serie y sus precios fuera de serie **($$$).** ⑪ En el mismo ámbito se sitúa **Prunelle** (18 E 54th St.; escondido; $$$), bonita decoración. ⑫Solamente los neoyorquinos podrían dar el nombre de **parque** al pequeño **Paley.**

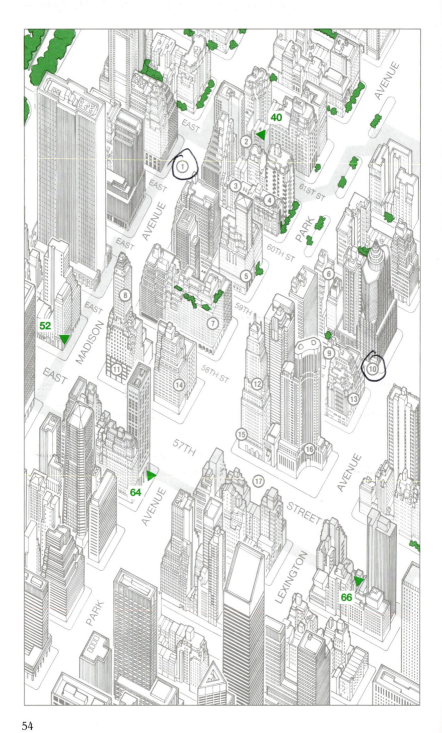

MANHATTAN
East Side a la altura de 57th Street

En el punto donde Midtown se encuentra con East Side ① las tiendas de **Madison Avenue** se convierten en más selectas y caras; aquí están **Cole-Haan** en el No. 667 vendiendo la última moda en zapatos; en el No. 625, **Movado** *ofrece complementos lo más chic*, desde relojes hasta bolsos, y **Baccarat** dispone de una fabulosa selección de cristalería y porcelanas chinas selectas; **Lederer** (No. 613) ha ampliado su gama de productos, aparte de artículos en cuero también vende ropa estilo *country*. ② Un restaurante norteamericano-francés sensacional, **Aureole** (34 E 61st St.; escondido), con un *chef* polivalente, Charles Palmer, al frente **($$$)**. ③ **Grolier Club,** que debe su nombre a un bibliófilo francés del s. XVI, tiene un maravillosa selección de libros raros. ④ **Christ Church** (metodista), una falsificación carismática, construida en 1932 con aspecto antiguo. ⑤ La sucursal de Nueva York de la casa de subastas londinense **Christie's** está al lado de la discoteca-restaurante **Resine's ($$$).** ⑥ El nº 505 Park Avenue, el antiguo **Aramco Building,** se parece a un transatlántico. ⑦ El **Amro Bank Building,** diseñado por Skidmore, Owings y Merrill en 1960 para Pepsi-Cola y su vecino, el igualmente elegante **500 Park Avenue Tower** de 1986. ⑧ Una construcción en estilo *Art Deco*, el *Fuller Building*, hogar de una serie de galerías exclusivas. ⑨ Donde anteriormente se alinearon sobre la acera los puestos de libros, **Argosy** (116 E 59th St.; escondido) vende libros, láminas y mapas antiquarias en su interior adornado con paneles de madera. ⑩ **T. Anthony,** la tienda donde la jet-set compra sus maletas. ⑪ **Regent of New York,** el hotel completamente nuevo, donde las habitaciones tienen ordenadores y fax para ejecutivos incansables **($$$).** ⑫ El **Ritz Tower, un** apartment-hotel distinguido con 42 plantas. ⑬ **Banana Republic,** ropa de sport a precios razonables. ⑭ Zapatos extravangantemente bonitos para gente extravangantemente rica en **Helene Arpels.** ⑮ **Mitsukoshi,** cocina japonesa suprema en un entorno tranquilo **($$$).** ⑯ Galerías especializadas en todo, desde alfombras persas hasta instrumentos médicos, ocupan los más de 45.000 metros cuadrados de **Place des Antiquaires.** ⑰ A lo largo de **East 57th Street,** una mezcla de tiendas elegantes se dedican a la moda de diseño (**Guy Laroche** No. 36); a zapatos exóticos (**Maud Frizon** No. 49); a maletas y bolsos de prestigio (**Louis Vuitton** No. 51); a plata labrada a mano (**Buccellati** No. 46); a artículos de ferretería como tiradores y aldabas de primera calidad (**William Hunrach** No. 153); y a todo tipo de aparatos de alta tecnología (**Hammacher Schlemmer** No. 147).

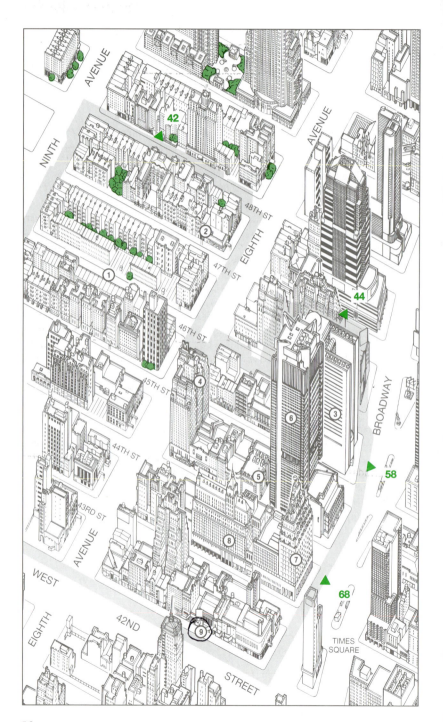

MANHATTAN
Theater District

El corazón del Theater District de Nueva York es Times Square *(vea pág. 69)*. Las calles están llenas de tantos teatros que no se pueden nombrar todos, cada uno fue escenario del éxito de un actor o de un dramaturgo. Esto es el "Broadway". ① Los aficionados al teatro tienen que comer y West 46th Street también se conoce como "restaurant row". La *grande dame* es el italiano **Barbetta** (No. 321; **$$$**), famoso por su bonito jardín pero ahora un tanto envejecido. Otros son: los favoritos de los actores y establecimientos hermanos **Orso,** un italiano elegante (No. 322; **$$**) y **Joe Allen,** paredes de ladrillos y comida sencilla (No. 326; **$$**): **Le Rivage,** un *bistro* (No. 340; **$$**); **Audrone,** francés (No. 342; **$$**); **Carolina,** cocina sureña (No. 355; **$$**) **y Lattanzi,** judío-romano (No. 361; **$$**). Al lado, en West 47th St. están ② **Trixie's ($$),** y en la puerta de al lado **B. Smith's,** un restaurante animado **($$).** ③ El hotel **Marriot Marquis ($$$),** una frívola pieza de arquitectura que costó la demolición de tres teatros. Ascensores de cristal zumban a través del atrio más alto del mundo, llevándole a un restaurante giratorio situado en el ático, que lleva el correspondiente nombre de **The View ($$$).** ④ El hotel **Milford Plaza,** sombrío, modernizado, económico **($$).** Entre los muchos teatros que hay en esta manzana están ⑤ el **Shubert** y el **Booth** (ambos de 1913) con interiores decorados. Se remontan a Shubert Alley donde los aspirantes a actores merodeaban por la oficina del empresario del mismo nombre, con la esperanza de obtener un contrato. ⑥ **One Astor Plaza** (1969), coronado con una fila de aletas peculiares, ha reemplazado al famoso Astor Hotel cuya fachada florida representaba el espíritu de los "alegres noventa" de Times Square ahora ya cosa del pasado. ⑦ El increíble **Paramount Building (Rapp y Rapp, 1926), por suerte sigue intacto. Mire hacia arriba.** ⑧ La oficinas de **New York Times.** Los periodistas tienen acceso directo a **Sardi's** (234 W 44th St.; escondido), antes el sitio preferido por cada estrella que visitaba la ciudad —ahora se han ido todos **($$$).** ⑨ Esta parte de 42nd Street se conoce como "sin street (calle del pecado)", pero no es tan alegre como uno se podría imaginar. En cuanto a los cines, las ventanas y puertas cerradas a cal y canto del **New Amsterdam** (214 W 42nd St.; escondido) representan el triste estado del sector. Su célebre interior estilo Art Nouveau acogió entre 1913 y 1927 a los famosos Ziegfeld Follies. En los años 70 se convirtió en un cine de películas de Kung Fu y en los 80 cerró.

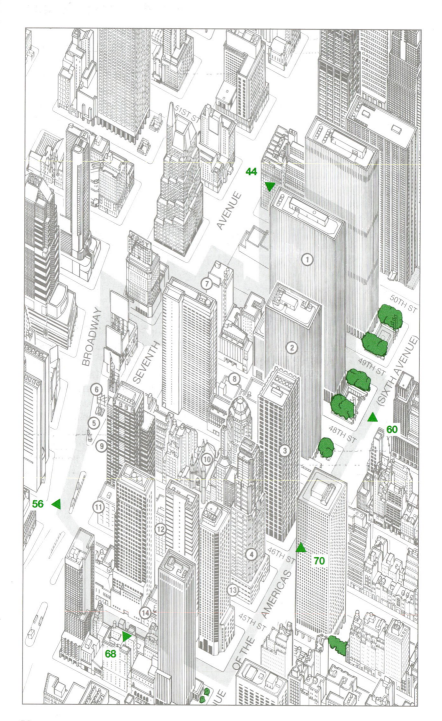

MANHATTAN

El norte de Times Square

El edificio singular del Rockefeller Center ha provocado una serie de rascacielos anónimos, parecidos a cajas de zapatos que bordean Avenue of the Americas (Sixth Avenue) como centinelas de guardia. Aquí se muestran como ejemplos a ① el **McGraw-Hill Building,** ② el **Celanese Building,** ③ el **J. P. Stevens Tower,** and ④ el totalmente nuevo **Americas Tower.** ⑤ ¿Se sorprenderían el héroe de la Primera Guerra Mundial, el padre Francis Duffy, y el autor de canciones George Cohen si llegasen a saber que terminarían compartiéndose **Duffy Square,** una sucia isla ubicada en la parte norte de **Times Square?** Sus estatuas tienen una finalidad útil: ser algo que se puede observar mientras se está haciendo cola para comprar entradas de teatro a mitad de precio y para la función del mismo día en ⑥ la **taquilla de TKTS.** ⑦ Una buena librería, especializada en todos los aspectos del teatro, es **Drama Bookshop** (723 7th Ave., escondido). ⑧ Dos tiendas de instrumentos musicales muy buenas en 48th Street son **Manny's** (No. 156) y **Sam Ash** (Nos 155, 160 y 166) ambas fundadas alrededor de 1920. Las paredes de Manny's están llenas de fotos dedicadas de los muchos clientes famosos del establecimiento. ⑨ Fíjese en las mujeres famosas. Marilyn Miller, Mary Pickford, Ethel Barrymore y Rosa Ponselle están representadas en forma de esculturas en la fachada de la antigua tienda de zapatos **I. Miller.** Las creó, en 1929, A. Stirling Calder, padre de Alexander. ⑩ **Church of St. Mary-the-Virgin** (católica; 1895). ⑪ El más agradable de los hoteles nuevos de Times Square, el **Eichner ($$$).** ⑫ El neo-barroco Lyceum Theater (escondido), con su toldo ondulado y sus columnas potentes, es el más antiguo de Nueva York que aún está funcionando. Construido en 1903 por los maestros Herts y Tallant. ⑬ Como todos los restaurantes étnicos, el punto fuerte de **Cabana Carioca** (123 W 45th St.; escondido) está en su comida, así que atrévase con la escalera empinada y la decoración chillona y entre. Le recompensarán, por poco dinero, con abundante y sabrosa comida brasileña —judías negras (feijoada), lechón, gambas paulista, caldo Verde **($$).** ⑭ **Café Un Deux Trois** (123 W 44th St.; escondido) es un restaurante con el ambiente de un *bistro* parisino relajado pero sofisticado, con la típica comida franca de los *bistros,* más la atracción adicional de manteles de papel y un juego de lápices de color para pintar. El edificio, de 1894, es bonito.

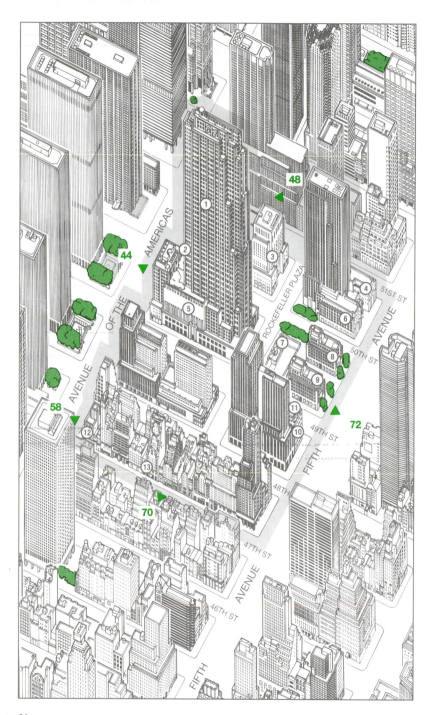

MANHATTAN
Rockefeller Center

La ambiciosa "ciudad dentro de una ciudad" de John D. Rockefeller Hijo comprende un complejo de oficinas, tiendas, teatros y espacios abiertos que cubre 9 hectáreas. El magnate adquirió terrenos para construir una nueva sede de la Metropolitan Opera, pero la depresión destruyó los planos para la Met y John D. tuvo que urbanizar la zona él mismo. ① El **RCA (ahora GE) Building,** de 70 plantas, domina el resto en su elegancia sencilla. Aunque no se trate del rascacielos más alto de Nueva York, las vistas del **Rainbow Room Restaurant,** planta 65, son inmejorables **($$$).** Con su fabulosa pista de baile y su decoración estilo *Art Deco* meticulosa, da la sensación de estar pisando el escenario de *Top Hat.* La entrada al edificio por 1250 Avenue of the Americas está impresionantemente decorada con mosaicos representando un gran número de figuras simbólicas. ② Todos los grandes nombres del mundo de los espectáculos, desde Charlie Chaplin hasta Frank Sinatra, han actuado en **Radio City Music Hall** (1932; escondido), el teatro más grande del mundo. ③ Situada dentro del **Associated Press Building, New York Bound Bookshop** es una librería que todos los que visitan Nueva York tienen que ver. Las estanterías están llenas de todo tipo de guías sobre Nueva York. El propietario le orientará amablemente y le proporcionará una silla confortable para ojear los libros. ④ En 1935, ya en manos de Hitler, Alemania no pudo terminar como tenía previsto su Deutsches Haus, y este edificio se convirtió en International House, uno de los cuatro edificios dedicados a distintos países, con sus portales en bronce, cada uno adornado con motivos apropiados. ⑤ Para los no-iniciados hay una visita guiada fascinante de los NBC Studios. ⑥ **Palazzo d'Italia** (1935). ⑦ En **Rockefeller Plaza,** el corazón peatonal del complejo, una estatua de Prometeo no pierde de vista, entre octubre y mayo, a los que patinan a su alrededor. Cuando el hielo se ha fundido, las mesas de los restaurantes invaden el espacio, entre otros las del excelente **Sea Grill ($$$).** Las tiendas elegantes de la Plaza incluyen **Crabtree and Evelyn, Jaeger** y **Teuscher Chocolatier.** El paseo lleno de flores entre ⑧ **British Empire Building** y ⑨ **La Maison Française** se llama, con razón, **Channel Gardens.** ⑩ En el **Goelet Building** se esconde un vestíbulo adornado en estilo *Art Deco.* ⑪ El elegante restaurante francés, **La Réserve** (4 W 49th St., escondido); **($$$).** ⑫ Kaplan's, una mantequería del barrio de los diamantes algo ajada pero auténtica. ⑬ **Gotham Book Mart Gallery,** abarrotada de libros y famosa por su buena selección de literatura del s. xx.

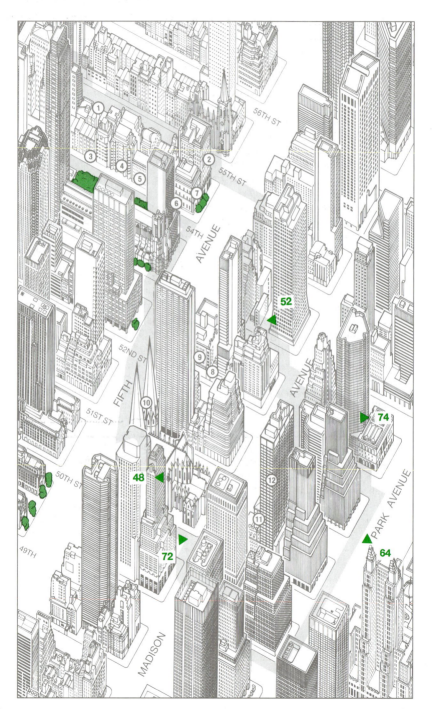

St Patrick's Cathedral

En aquella parte de Fifth Avenue, que anteriormente fue el dominio de los Astors y Vanderbilts, quedan todavía mansiones magníficas, ahora ocupadas por tiendas, hoteles y restaurantes exclusivos. ① Croisanes calientes, *brioches* y *baguettes* —siempre recién salidos del horno— en **J. P. French Bakery** (54 W 55th St.: escondido). ② Ornamentos al estilo *Belle Epoque* convirtieron el **Peninsula Hotel ($$$)** en un encarnación del Maxim de París. Antes fue el Gotham, guarida de estrellas del cine. Se enorgullece de tener suntuosos cuartos de baño en mármol y un restaurante francés elegante, **Adrienne ($$$)**. ③ Situado en un bonito edificio de ladrillos de color rojizo, **Restaurant Raphael ($$$)** sirve la mejor *nouvelle cuisine* de la ciudad. ④ **Rockefeller Apartments,** construidos en 1936 por John D. Rockefeller, hijo. Dos columnas características guardan los extremos del edificio, desde cuyas ventanas se disfruta de unas bonitas vistas del jardín del MOMA *(vea pág. 49).* ⑤ Las plantas bajas de la casa que Nelson Rockefeller utilizó como oficina privada las ocupa ahora **Aquavit ($$$),** un restaurante escandinavo que es como una brisa de aire fresco, su atrio inmenso, lleno de abedules, tiene una cascada en un extremo. La comida es igualmente sorprendente. Dos creaciones fantásticas de McKim, Mead y White, ⑥ **Petrola House** (Nos 9-11; escondido), y ⑦ el **University Club,** con un aire aun más extranjero. ⑧ El restaurante francés con clase, **La Grenouille ($$$),** tiene la fama de gastar 100.000 dólares al año solamente en decoración floral. ⑨ Se dice que la espléndida mansión en estilo italiano que ahora sirve de hogar apropiado de **Cartier** (2 E 52nd St; escondido) pasó a ser propiedad de la familia en 1917, cuando la mujer del propietario, Mrs Morton F. Plant, lo cambió por un collar de perlas. ⑩ **St. Patrick's Cathedral,** en estilo gótico francés, fue construido en 1878-80 por James Renwick, hijo. A diferencia de las grandes catedrales francesas que imita, le falta la imponente calidad que hace que los visitantes se estremezcan. ⑪ **Villard Houses** (1884), seis mansiones individuales, diseñadas para parecerse a un palacio renacentista italiano, encargadas por el editor Henry Villard y construidas por ¿lo adivina? McKim, Mead y White. En ellas se ubican dos interesantes librerías: **Sky Books,** una compañía de venta por correos que rápidamente se convirtió en el mayor especialista en historia militar, y **Urban Center Books** dedicada a libros de arquitectura. En 1980, el nuevo propietario Harry Helmsley salvó el edificio de la demolición e incorporó dos de las mansiones en ⑫ su lujoso **Helmsley Palace Hotel ($$$),** que, contrastando fuertemente, es una torre de cristal. Al mando del hotel, espectacular en su opulencia, está la indómita Leona Helmsley.

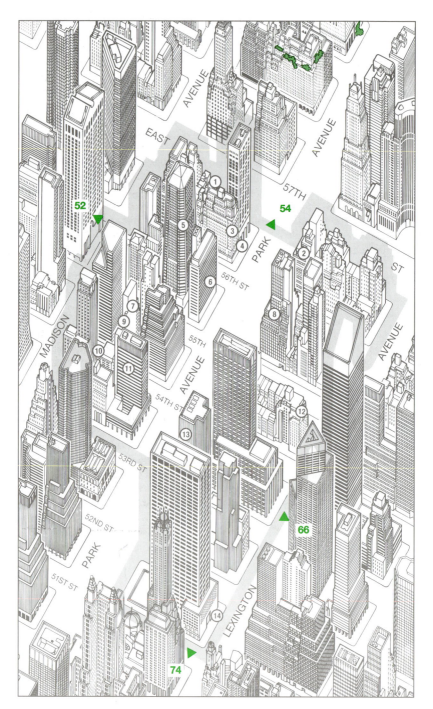

MANHATTAN
Park Avenue a la altura de 57th Street

En una zona de riqueza arquitectónica, visible en la abundancia de tiendas, restaurantes y hoteles exclusivos, ① **Pace Gallery** (32-34 E 57th Street; escondido) exhibe artistas norteamericanos famosos y otras colecciones importantes. ② Debajo de la elegante boutique de modas **Matsuda** (461 Park Ave., escondido) está el restaurante japonés **Mitsukoshi,** igualmente elegante, donde puede saborear *sushi* exquisito por un precio de **($$$)**. ③ **Swissôtel Drake** (1927), famoso en los años 60 como hogar de la primera discoteca de Nueva York, Shepheards. Ahora la dirección es suiza, el servicio es excelente y dispone de uno de los mejores restaurantes de la ciudad, **Lafayette,** cuyos menus creativos abarcan cocina suiza y francesa. No se sentirá defraudado **($$$)**. ④ **Susan Bennis/Warren Edwards,** zapatos dramáticos en ante, seda o piel de crocodilo en muchos colores, pero siéntese antes de que le digan los precios. ⑤ Rayas finas distinguen al **Park Avenue Tower.** ⑥ La **exposición de Mercedes-Benz (showroom)** (1955), el primer trabajo de Frank Lloyd Wright en Nueva York. ⑦ El doble del Empire State Building, **Heron Tower** (1987). ⑧ **Universal Pictures Building** (1947), el primer edificio de oficinas en una zona residencial de Park Avenue, y el primero en realizar la forma de "tarta de bodas" impuesta por los planes de ordenación de la ciudad. ⑨ **Le Cygne** (55 E 54th St.; escondido) tiene unos interiores postmodernos elegantes donde se puede disfrutar de comida francesa clásica **($$$)**. ⑩ **Elysée Hotel** (60 E 54th St., escondido), con su encanto a la antigua, tiene tal vez todavía la misma atmósfera de sus tiempos gloriosos **($$$)**. Su restaurante, **Pisces,** sirve excellentes pescados y mariscos **($$)**. ⑪ **Lever House** (Skidmore, Owings y Merrill, 1952) aportó a Park Avenue su primera pared de cristal. ⑫ **Central Synagogue** (1872, de Henry Fembach en estilo árabe) es la más antigua sinagoga permanemente de la ciudad. Su fachada en ladrillo rojizo está aligerada con cúpulas de bronce, pero la supera en mucho su interior exuberante. El **Seagram Building** (1958) de ⑬ Mies van der Rohe, la quintaesencia del modernismo en bronce y cristal, con interiores de Philip Johnson, representa la idea que tuvo para realizarla en Berlín durante los años 20. Comer en su restaurante, **The Four Seasons,** es toda una experiencia, desde el telón de foro de Picasso en el vestíbulo hasta el menú seductor; una guarida de magnates de los medios de comunicación **($$$)**. **The Brasserie** está abierta las 24 horas para tomar comidas ligeras **($$)**. ⑭ El auténtico **respiradero del metro** de donde salió el chorro de aire que hizo subir las faldas de Marilyn Monroe en la famosa escena de la película *The Seven Year Itch.*

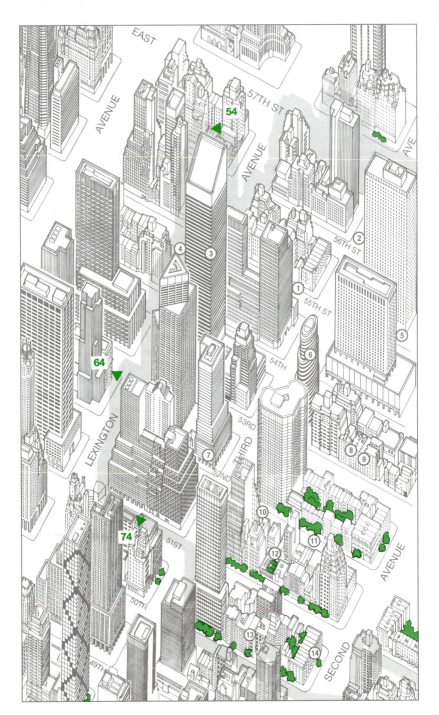

MANHATTAN
Citicorp Center

Ubicada en una zona plagada de restaurantes, ① **Shun Lee Palace** (155 E 55th St.; escondido) es el primer establecimiento de la cadena que introdujo cocina china de clase superior en **Nueva York ($$)**. ② **P. J. Clarke's** (915 3rd Ave.; escondido) comenzó su andadura como un saloon irlandés chapado a la antigua y ahora es un bar de singles, donde los yuppies se dan de codazos para tomarse su cócteles y hamburguesas. ③ El **Citicorp Center** (1978, de Hugh Stubbins), un rascacielos de aluminio postmoderno, colocado sobre pilares anti-terremoto con una profundidad de 10 plantas y coronado por un techo tipo "trampolín de saltos". Dentro, el atrio —escenario de conciertos de *pop*— está dedicado a un **mercado** de tiendas y restaurantes. En su sombra se encuentra ④ la **St. Peter's Lutheran Church** (escondido), del año 1970 y de granito, conocida por sus conciertos de jazz en vísperas y su teatro inovador en la cripta. ⑤ Jazz hay también, de lunes a sábado en **Michael's Pub** (211 E 55th St.; escondido), donde no pocas veces Woody Allen aprovecha la oportunidad para tocar el clarinete los lunes por la noche **($$)**. ⑥ En el **Lipstick Building** (1986) de Philip Johnson, que con razón lleva el nombre de "pintalabios", puede disfrutar de una cocina toscana más ligera de lo normal en el restaurante **Toscana** **($$$**, de moda), o tomar *antipasto* y *espresso* en el **Gran Caffè Bitici ($$)**. ⑦ El elegante restaurante japonés **Nippon** tiene una reputación excelente, particularmente por su auténtico *kaiseki* **($$)**. ⑧ **Tiny Doll House,** una tienda diminuta que vende todo lo que necesite para amueblar una casa de muñecas, desde camas, armarios, ollas, cuchillos y tenedores, todo en miniatura. ⑨ Renombrado por su *porcini* y otras especialidades del norte de Italia, **Il Nido** atrae a una clientela sofisticada del East Side y da un buen bocado a sus carteras **($$$)**. ⑩ La tienda donde los cocineros profesionales compran sus untensilios, **Bridge Kitchenware** (214 E 52nd St.; escondido) está llena de todo tipo de herramientas que uno se pueda imaginar y además hay ollas de cobre y porcelana francesa. ⑪ Una pequeña excentricidad de ladrillos, acero y cristal, la hilera de casas de 242 E 52nd Street (escondido) fue construida en 1950 por Philip Johnson como **casa de huéspedes del MOMA** *(vea pág. 69).* ⑫ **Greenacre Park,** donado a la ciudad por la hija de John D. Rockefeller, hijo. ⑬ Reserve con una antelación de meses para conseguir una mesa en el más famoso restaurante de Nueva York, **Lutece,** con una historia de 27 años, dirigido por el *chef*-propietario André Soltner. Anque se le acuse de dormirse sobre sus laureles en los últimos años, sigue atrayendo a los clientes con sus platos alsacianos auténticos **($$$)**. ⑭ Otro *chef*-propietario, Zarela Martinez, ha conseguido elevar la reputación de la comida mejicana, sirviendo especialidades de este país en **Zarela ($$)**.

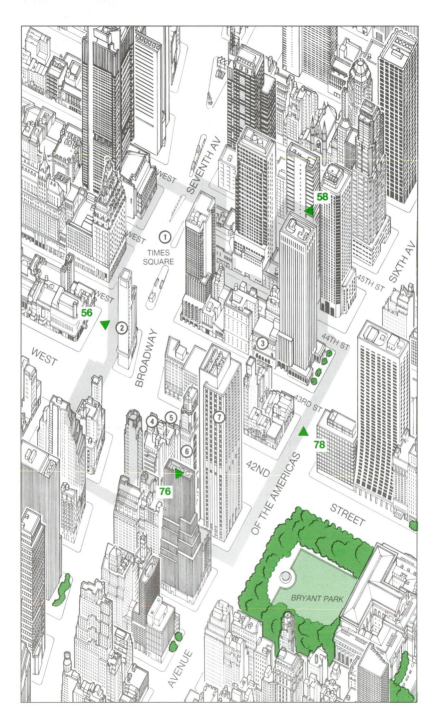

MANHATTAN
Times Square

① **Times Square** es la cara arreglada de Nueva York, la de demasiado carmín y pintura en los labios y con baratijas como pendientes. Es tosca, sórdida y vulgar, y sin embargo el centro vibrante de la ciudad, el corazón del Theater District *(vea pág. 57).* Los *music-hall* comenzaron a abrir sus puertas aquí entre 1880 y 1890. En los años 20 de este siglo los cines y las famosas luces de neón electrificaron la escena. Hoteles y oficinas se han introducido donde podían. En los años 70 la sordidez que domina la zona aumentó considerabelmente y, a pesar de los varios programas de rehabilitación y limpieza (en el momento se está realizando otro), sigue siendo un sitio al que no se puede aconsejar acudir por la noche. ② Con su forma de cuchillo de carnicero al revés, **One Times Square** fue construido en 1904 como la sede central del *New York Times,* que pronto ocupó oficinas más amplias situadas al otro lado de la calle. Su llegada hizo que Longacre Square se convirtiera en Times Square, e hizo estallar las famosas celebraciones de Noche Vieja: el periódico celebró su llegada el 31 de diciembre de 1904 con fuegos artificiales y una esfera iluminada que se dejó caer a medianoche desde el asta de banderas (ahora es una manzana). En 1966, Allied Chemical ocupó el edificio y cambió la fachada de terracota por una más moderna, de mármol. La compañía vendió el edificio en los años 70 y ahora sencillamente es un bloque de oficinas más con un futuro incierto. ③ La **Town Hall,** el ayuntamiento de McKim, Mead y White tiene un auditorio muy alabado, íntimo y acústicamente excelente. ④ Este edificio, o por lo menos su fachada (142 W 42nd St./1466 Broadway; escondido) fue en su día el glorioso **Knickerbocker Hotel.** Enrico Caruso vivió aquí desde 1908 hasta 1920 en un apartamento suntuoso: en pocas y contadas ocasiones ofreció una serenata a la multitud que se había congregado debajo de su balcón. ⑤ **Hotalings** (escondido), especialista en revistas y periódicos regionales y extranjeros desde 1905. ⑥ Alta y delgada como un lápiz —150 m de alto sobre un solar de tan sólo 15 metros de ancho— **Bush Tower** (1918). Al lado, separado por una pequeña plaza, está ⑦ el **New York Telephone Building** (1974), la primera de las torres-cajas aburridas que se extienden a lo largo de Avenue of the Americas hacia el Rockefeller Center *(vea pág. 61).*

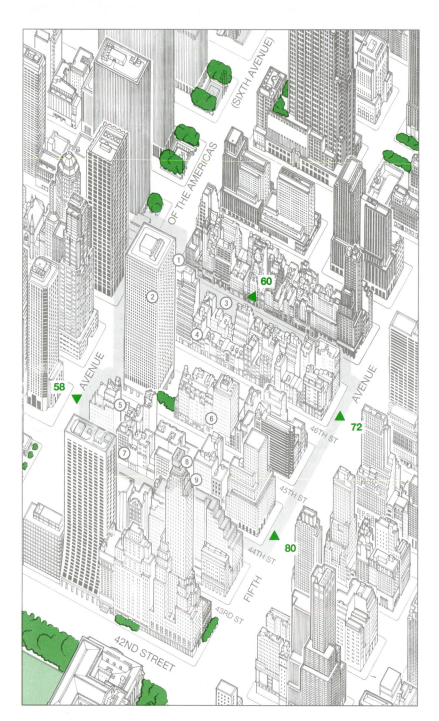

MANHATTAN
Las calles alrededor de la 45 con Fifth Avenue

① Construido en 1962 como el Phoenix Building, **1180 Avenue of the Americas,** de Emery Roth, con sus gradas artísticas. ② **No. 1166 Avenue of the Americas** (1973), un edificio de oficinas según un buen proyecto de Skidmore, Owings y Merrill que tiene una agradable plaza de ladrillos rojizos, punto de encuentro de los fanáticos del aire fresco a la hora del almuerzo. ③ La **Forty-Seventh Street (Calle 47),** el centro de diamantes de Nueva York lleno de vida y plaza fuerte de los comerciantes judíos ortodoxos, está llena de pequeñas tiendas, repletas de joyas de oro y piedras centelleantes. ④ **Wentworth** no es ni grande ni lujoso, pero este hotel pequeño y con precios razonables tiene todo lo que se necesita **($).** ⑤ Haga caso a lo que dice el nombre de este restaurante italiano, pequeño y estimado, **Pasta Prego** (72 W 45th St.; escondido); las pastas son sobresalientes **($$).** ⑥ Un paraíso en la planta baja para los amigos del ferrocarril de todas las edades, **The Train Shop.** ⑦ El **Algonquin Hotel** de Goldwin Starett, en estilo renacentista de principios de siglo y ahora desgraciadamente decaído, fue punto de encuentro de los literatos que en los años 20 tuvieron aquí una sociedad gastronómica, *the Round Table,* cuyos miembros entre los que estaban Dorothy Parker, Robert Benchley y otros colaboradores del *The New Yorker,* solían encontrarse en el **Oak Room** para poner a prueba su ingenio caústico. Hoy en día, el restaurante es conocido por su cabaret excepcional **($$).** Para tomarse un cóctel antes de cenar no hay nada mejor que el **Blue Bar,** decorado con comics de Thurber. ⑧ El **New York Yacht Club** (37 W 44th St.; escondido), fundador del America's Cup, está alojado en un edificio caprichoso estilo *Beaux Arts,* diseñado por Warren y Wetmore (1900) y tiene tres ventanas saledizas con forma de proas de barcos de vela del s. XVII, con el océano bañando sus alféizares. ⑨ Un bastión de la Ivy League (las ocho universidades privadas de gran prestigio), el **Harvard Club** (1894), en estilo neo-georgiano y de McKim, Mead y White tiene unos interiores impresionantes y acogedores, decorados con retratos con marcos de oro que penden de paredes rojas y con candelabros altos.

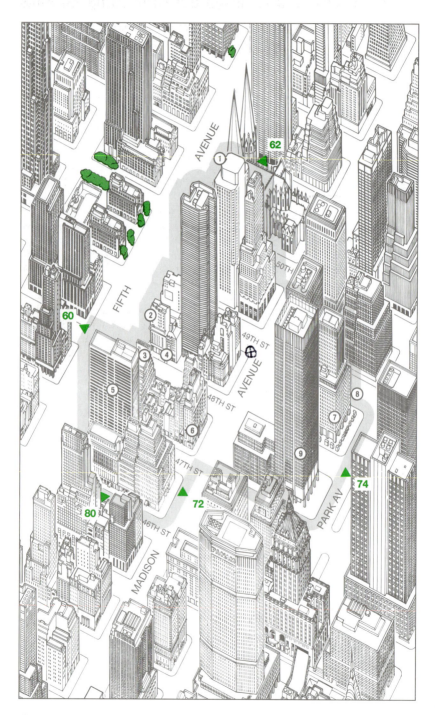

Fifth Avenue a la altura del Gran Almacén Saks

① **Saks Fifth Avenue** (611 5th Ave.; escondido), es un Gran Almacén, restaurado y sin haber cambiado, donde no se perderá y donde encontrará algo que le pueda ser útil.: Ropa elegante pero sin ser nunca extravagante es su razón de ser, con sus cinco plantas de moda de señora y un lujoso departamento para hombre. ② Los escaparates más atractivos de Fifth Avenue son también sus más antiguos (1913): Brentano's, anteriormente Scribners, está adornado con un fachada de hierro forjado y cristal que se extiende sobre dos plantas y que embellece el bloque. Dentro, los libros se exponen bajo un amplio espacio abovedado. ③ *Fondue,* servido correctamente por camareras en trajes típicos, es lo que se suele pedir en el **Chalet Suisse** (6 E 48th St.; escondido; **$$**), un restaurante con mucha solera. ④ **Hatsuhana:** "el mejor *sushi* de toda Nueva York" (**$$**). ⑤ **575 Fifth Avenue** tiene una piel de piedra y dentro una galería de tiendas elegante, una mala versión de las de Trump Tower. ⑥ Una de las tiendas más venerables de Madison Avenue, **Crouch and Fitzgerald** está vendiendo maletas y bolsos desde 1839. ⑦ **Bankers Trust Building,** un bloque colocado sobre el otro. A la vuelta de la esquina ⑧ el restaurante con clase **Aurora** (60 E 49th St.; escondido; **$$$**), diseñado por Milton Glaser que al hacerlo tuvo burbujas en la cabeza —entre y vea. La calidad de la comida puede que varie pero las sillas de cuero siguen siendo muy comfortable. ⑨ Los ascensores de **270 Park Avenue** salen del segundo piso. Esto se debe a que esta torre negra de acero negro y blanco y de cristal gris (Skidmore, Owings y Merrill, 1960) fue construida encima de Grand Central Station y no hubo espacio para colocar los huecos de los ascensores debajo del nivel del suelo.

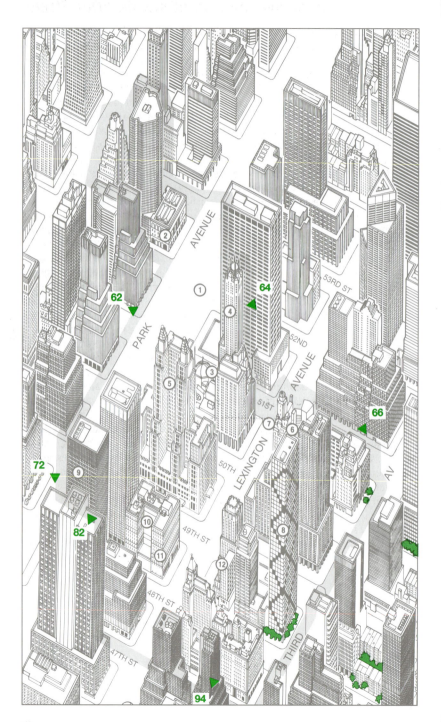

Park Avenue a la altura de 50th Street

① **Park Avenue,** esta calle majestuosa, con sus medianeras de flores y arbustos, debe su existencia —y su elegancia— a la construcción de la estación de ferrocarril Grand Central Station *(vea pág. 93)*. Hasta este momento tenía unos raíles de ferrocarril muy ruidosos, pero cuando los trenes comenzaron a circular por debajo de la tierra, la compañía tuvo la oportunidad de urbanizar la zona. A ambos lados de la avenida se levantaron bloques de apartamentos resistentes a las vibraciones que pronto se convirtieron en una zona exlusiva. Y aunque los bancos y bloques de oficinas han reemplazado a las antiguas casas de apartamentos la zona sigue manteniendo su antiguo renombre. ② Escondido debajo de **Park Avenue Plaza** está un sitio reservado a hombres, el **Racquet and Tennis Club** (McKim, Mead y White, 1918). ③ Vale la pena doblar la esquina y encontrarse con la mole bizantino-románica de **St. Bartholomew's** (Bertram Ooodhue, 1919). Tiene un portal espléndido, diseñado por Stanford White y financiado por Vanderbilt, una casa de la comunidad atractivo (1927), un jardín pequeño y encantador, un mosaico de la Transfiguración en el ábside y un gran órgano. En la iglesia se suelen dar conciertos y recitales por las tardes, y también representaciones de obras de Shakespeare. ④ Sobre St. Bart's se eleva la torre delgada del **GE Building,** diseñado en 1931 para armonizar con las líneas atractivas y agachadas de la iglesia. Está adornado con elegantes detalles en estilo *Art Deco*. ⑤ Las torres gemelas del **Waldorf-Astoria Hotel** han acogido una impresionante selección de huéspedes famosos, Cole Porter, Frank Sinatra, Lucky Luciano y la Duquesa de Windsor entre ellos. El hotel está lleno de tiendas, restaurantes y gente que tiene mucha prisa **($$$)**. ⑥ El hotel **Beverly** (125 E 50th St.; escondido) tiene apartamentos sencillos con cocinas americanas **($$);** en el edificio hay una de las raras farmacias que abren las 24 horas, **Kaufman.** ⑦ **Loews Summit** (569 Lexington Ave.; escondido), un hotel internacional **($$$)**. ⑧ El dibujo entrecruzado de **780 Third Ave.,** obtenido al omitir las ventanas, anuncia los nuevos tiempos (Skidmore, Owings y Merrill, 1984). ⑨ **Chemcourt,** al lado de Chemical Bank es un plaza acristalada especialmente verde. ⑩ El **Inter-Continental** con su pabellón de pájaros en el vestíbulo, es un superviviente de los edificios elegantes construidos por la compañía ferroviaria en Park Avenue en los años 20. Entonces se llamó Barclay Hotel **($$$).** ⑪ Un sitio que no se debería perder es **Caswell-Massey,** farmacéuticos desde 1752 y desde los años 20 en esta dirección. El interior sobrio y los recipientes siguen siendo los mismos al igual que muchos de los productos de belleza que se remontan a los tiempos coloniales. ⑫ El hotel **Halloran House ($$$).**

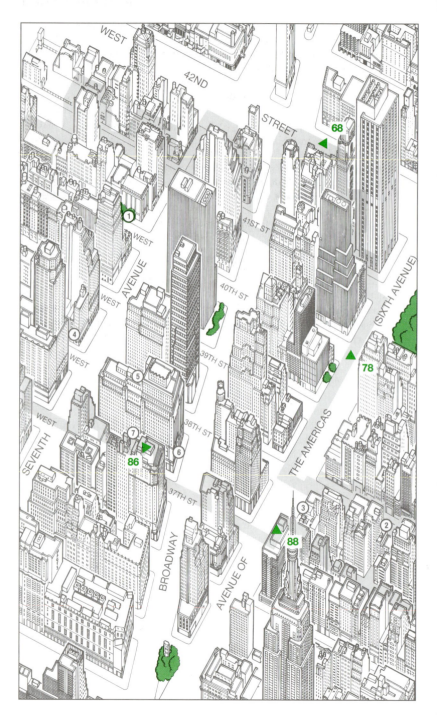

MANHATTAN
Garment Center

Los bloques que aquí se ven no son nada excepcionales y representan otra cara de Nueva York —en una ciudad que tiene un trazado tan monótono es curioso cómo su carácter puede cambiar de manera dramática cada poco. Este barrio es el Garment Center, hogar de la industria de confecciones arraigada aquí desde el siglo XIX y aun hoy la mayor industria de la ciudad con sus más de 300.000 empleados y produciendo una tercera parte de los vestidos de EE. UU., desde los más baratos y cursis hasta las creaciones elegantes de los mejores diseñadores del país que trabajan aquí. Se trata de un barrio con muchas industrias, de ahí que por la tarde se quede vacío. Pero durante el día vale la pena darse una vuelta por él y descubrir las tiendas antiguas, ver el trabajo de las modistas y observar los botones que se afanan por las aceras empujando carros con vestidos. Entre las tiendas, busque a: ① **Art-Max** (250 W 40th St.; escondido), renombrado por sus vestidos de bodas; ② **Hyman Hendler** (67 W 38th St.), cintas, borlas y corbatas maravillosas, y **Tinsel Trading Co.** (47 W 38th St.), con sus montones de accesorios; ③ **MJ Trimmmings Co.** (1008 Ave. of the Americas), más accesorios, en su mayoría de los tiempos de la reina Victoria; ④ **William N. Ginsburg** (242 W 38th St.; escondido) produce trajes. Y no se pierda ⑤ **Gordon Button Co.** (142 W 38th St.; escondido), puede elegir entre 5.000 tipos de botones distintos, incluyendo antiguos y nuevos a los que no se podrá resistir. Los obreros suelen tomarse un descanso en ⑥ **Jerusalem 2 ($).** El restaurante propiamente dicho más cercano es ⑦ **Woods 37th** (148 W 37th St.; escondido; **$$$**).

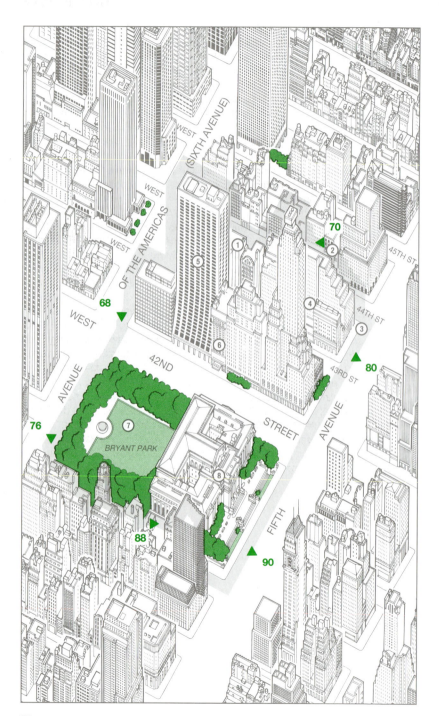

MANHATTAN
Bryant Park

Estas calles del Midtown ubicadas alrededor de Bryant Park tienen un aire serio y formal, pero a veces destaca algún edificio notable. ① El **Royalton** (44 W 44th St.; escondido) fue un hotel decaído hasta que el difunto Steve Rubell lo volvió a llenar de vida **($$$).** Ahora los interiores de Philippe Starck, llamativos pero sin intimidad (muy al estilo de la era espacial), son el punto de encuentro de la *beautiful people* y el sitio para tomar el mejor té de Nueva York. ② Entre en la **General Society of Mechanics and Tradesmen** (No. 20; escondido) y admire "Una cerradura muy complicada" en su Mossman Lock Collection. En frente están los Harvard and New York Yacht Clubs, espléndidos, y el Algonquin Hotel *(vea pág. 71).* ③ Compruebe la hora valiéndose del **Seth Thomas clock,** uno de los pocos relojes públicos de hierro fundido que quedan en EE. UU. ④ Casi todas las maravillas neo-góticas de finales del s. XIX que hay en Nueva York son obra del trío McKim, Mead y White, y el **Century Club,** el de los arquitectos, es un ejemplo especialmente hermoso, en estilo palladiana. ⑤ Los arquitectos Skidmore, Owings y Merrill construyeron dos torres gemelas para diferentes clientes en 1974, este, el **W. R. Grace Building,** y el Solow Building en W 57th Street. Le guste o no la forma curvada del edificio, éste no encaja bién en la calle. ⑥ En el año 1924 tuvo lugar la primera representación de *Rhapsody In Blue* de George Gershwin y fue en este edificio que ahora es el **Graduate Center of New York University.** La galería de la planta baja (exposiciones temporales conectan las calles 42 y 43. ⑦ En el año 1853, dos años después de la Gran Exposición de Londres, Nueva York erigió una copia del palacio de cristal que 5 años más tarde sucumbió en un incendio espectatular. Ahora la zona se denomina **Bryant Park,** trazado en los años 30 como un jardín público encantador. ha pasado por una mala época, siendo centro de traficantes de droga, pero una reciente renovación ha devuelto el único espacio libre de Midtown a los vecinos. ⑧ La biblioteca pública, **New York Public Library** está muy presente. En su edificio agradable, adornado al estilo *Beaux Arts* (Carrère y Hastings, 1911), alberga un famoso par de leones de piedra, unos interiores ricos en mármol y artesonados, y más de 6 millones de libros.

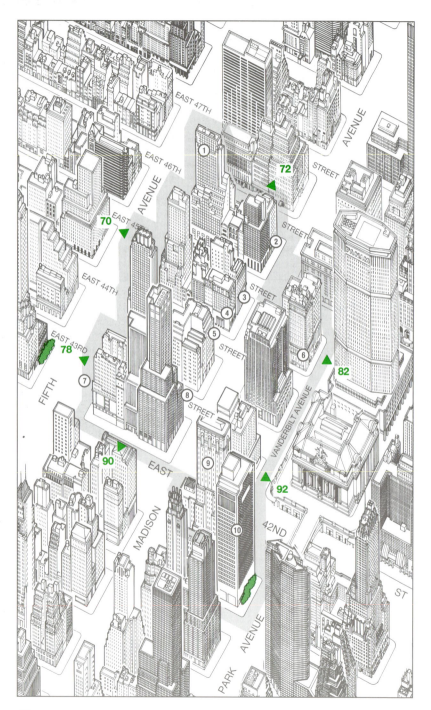

MANHATTAN
Fifth Avenue a la altura de 42nd Street

① Al caminar por la Fifth Avenue hacia el norte, la vista se recrea en la alegre fayenza egipcia que decora las plantas superiores del **Fred F. French Building.** El vestíbulo del edificio bien vale una visita. ② **F. R. Tripler,** un comercio de ropa de caballero, completamente clásico y establecido en 1886. ③ **Paul Stuart,** más ropa de caballero, muy *British*, mucho estilo. ④ Otra vez ropa de caballero, en esta ocasión en un estilo único, camisas de Oxford, corbatas de seda, pantalones de cuadros, pijamas de franela, albornoces y zapatos de clase superior y otros cosas por el estilo —todo ello en **Brooks Brothers.** La tienda de ropa de caballeros más antigua de EE. UU. (est. en 1818) es ahora propiedad de la empresa británica Marks and Spencer, y sus precios son sorprendentemente económicos. ⑤ También lo son los precios de los zapatos de hombre clásicos de **Fellman Ltd,** en frente (24 E 44th St.; escondido). ⑥ Mirando el edificio de Pan Am y como queriendo expresar su descontento con él, está el **Yale Club.** Fíjese en la placa que da fé de la suerte de Nathan Hale, héroe de la Revolución Americana y antiguo alumno de Yale. ``I only regret that I have but one life to lose for my country. (Lo único que siento es tener una sola vida que dar a mi país)'' ⑦ Otros interiores maravillosamente renovados, esta vez en el **Israel Discount Bank** y en estilo neo-renacentista (511 5th Ave.; escondido). ⑧ Dos rarezas en E 43rd Street: en la parte sur, el **Chemical Bank,** No. 4, un edificio con un aire italiano medieval que está solo, mientras en la parte norte, la **Church of Christ Scientist** parece aplastada por su propio portico con columnas y puesta en ridículo por la ordinariez perfecta del bloque que se asienta sobre ella. ⑨ Cuando se construyeron, en 1929, las 53 plantas del **Lincoln Building,** sus propietarios se enorgullecieron de que ``nunca se creó ninguna otra estructura que tuviera tanto aire puro y fresco o donde la radiante luz del sol fuera tan abundante''. ⑩ Al final, la construcción de su vecino, el **Philip Morris Building,** en 1982 puso fin a este privilegio. Su primera planta alberga una dependencia del **Whitney Museum of American Art** *(vea pág. 45).*

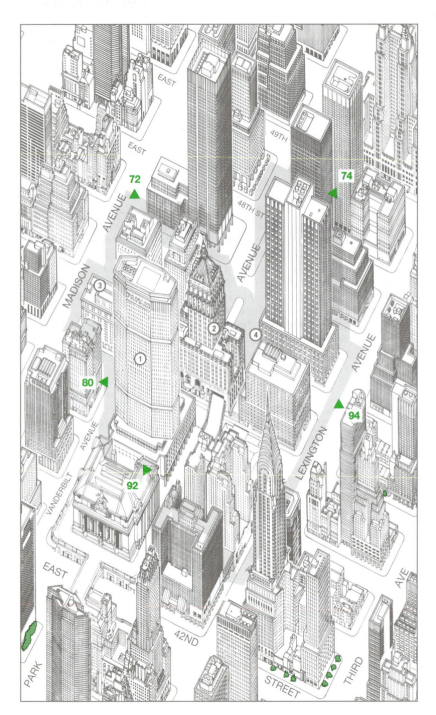

MANHATTAN
Pan Am Building

Caminando por Park Avenue hacia el sur, el gran muro blanco del Pan Am Building asomándose por encima del desaventurado Helmsley Building y tapando por completo el camino, es una de las vistas más notables de la ciudad. Aunque no deje de ser un intruso grosero tiene a la vez una atracción magnética, sobre todo cuando el Hemsley está iluminado por la noche. ① Los 2,1 millones de metros cuadrados de superficie de oficinas del **Pan Am Building** no tuvieron precedentes en su tiempo (1963), al igual que su muro cortina de hormigón precolado. Su parte más lograda es el balcón trasero (atraviese el vestíbulo central desde la entrada de E 45th Street), desde donde se tienen unas bonitas vistas sobre la bonita explanada principal de Grand Central Station *(vea pág 93)*. ② Este edificio, ahora el **Helmsley Building,** fue construido en 1929 por Warren y Wetmore, los arquitectos de Grand Central Station, como la sede central de la compañía ferroviaria. Se sentó literalmente a horcajadas encima de Park Avenue, necesitando dos túneles para el tráfico rodado (y dos más para los peatones) que todavía se utilizan. Como corresponde a la familia Helmsley, el oro es la nota predominante del edificio, tanto dentro como fuera. ③ **The Roosevelt,** antes muy concurrido por su proximidad a la estación completamente nueva, es ahora un hotel de los corrientes, visitado sobre todo por los hombres de negocios **($$).** ④ Dos tubos entrelazados, gruesos y negros como babosas giran muy lentamente y propulsados por energía solar: la escultura de Lowell Jones, *Performance Machine* (1986; escondido).

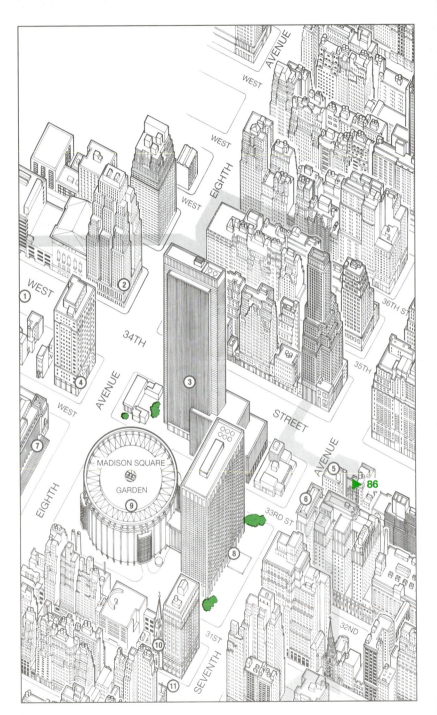

MANHATTAN
Madison Square Garden

① **Sloane House YMCA.** ② **No. 481 8th Ave** es una pieza caprichosa de la arquitectura de los años 30, anteriormente el New York Hotel con 2.500 habitaciones. Su contraste, ③ **One Penn Plaza,** es una típica mole vertical de los 70. ④ **T. S. Ma,** un chino bueno en una zona que no se conoce por sus restaurantes. ⑤ **J. J. Applebaum's,** una mantequería grande y luminosa que ocupa dos plantas **($).** ⑥ El **New York Penta Hotel ($$),** donde se suelen alojar los que acuden al Jacob Javits Convention Center, situado al oeste del hotel (fuera del plano). ⑦ Como el Penta, corriente, el **General Post Office** (lea la famosa inscripción de la fachada) es otro producto de los arquitectos omnipresentes McKim, Mead y White, este de 1913. Hace pareja con su *tour de force* que estaba en frente, ⑧ **Penn Station.** Entre todos los desastres arquitectónicos ocurridos en Nueva York, la destrucción de la neo-clásica Pennsylvania Station es considerada como el peor, también porque su sustituto fue muy inexpresivo. Se trata de un complejo de oficinas situado encima del laberinto de la estación y del ⑨ **Madison Square Garden Center** que es la cuarta versión del famoso complejo deportivo y de exposiciones ubicado en su tercer emplazamiento (las dos primeras estuvieron en Madison Square, de ahí el nombre). Pero la cosa no se queda ahí, puesto que va a ser trasladado de nuevo y el estadio actual será demolido. ⑩ Siempre es agradable encontrarse con una iglesia antigua y tranquila en una de las pululantes calles de Nueva York y la iglesia católica **St. John's** es una de las sorpresas más hermosas. Su exterior esbelto de piedra rojiza encierra unos interiores radiantes de mármol blanco. ⑪ Entre 28th y 31st Street y al oeste de 7th Avenue se encuentra el **Fur (Piel) District,** con casas tan famosas como Birger Christensen (150 W 30th St.), Antonovich (333 7th Ave.) y Golden-Feldman (345 7th Ave.; planta 12).

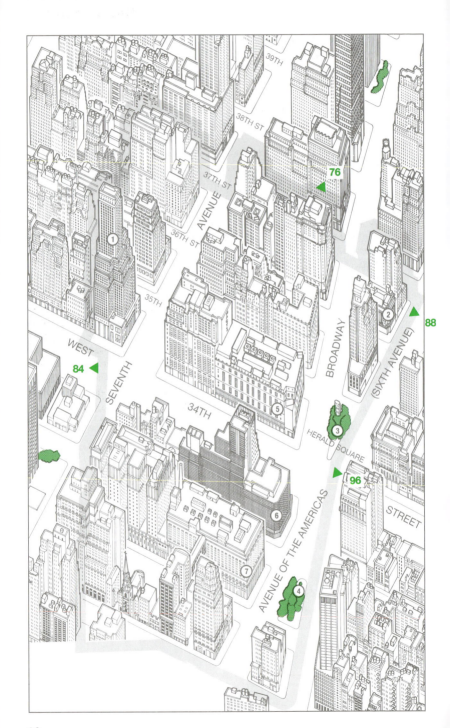

MANHATTAN
Herald Square

① **Nelson Tower,** un bloque de oficinas de los años 30 y decorado con una escultura en bajorrelieve de la época, situada en su parte superior. ② **Crossland Savings Bank,** disfrazado como un templo griego antiguo (1924). ③ **Herald Square** se parece realmente tanto a ④ **Greeley Square** hacia el sur, un pequeño triángulo asediado por el tráfico, ocupado por los vagabundos e ignorado por los paseantes. Sus respectivos nombres se remontan a los tiempos en los que los periódicos más importantes de Nueva York tuvieron aquí sus cuarteles generales. El *New York Herald,* propiedad de James Gordon Bennett (el hombre que encargó a Stanley que encontrara a Livingstone) ocupaba un magnífico *palazzo* de McKim, Mead y White. Aún se puede admirar en la plaza el espléndido reloj del edificio. Fíjese en él cuando da las horas. Horace Greeley (estatua) fue el fundador del *New York Tribune.* La llegada de los periódicos de Bennett y Greeley puso fin a la mala reputación que tenía Herald Square como corazón del notorio barrio de Tenderloin donde las salas de baile, bares y burdeles hicieron la competencia a los slums de Hell's Kitchen situados al oeste *(vea pág. 43).* ⑤ Sólo es normal que **Macy's,** "el Grán Almacén más grande del mundo" esté tan cerca de Garment Center *(vea pág. 77)* donde se produce gran parte de su mercancía. Ofrece mucho más que su gran gama de moda: lo mejor es su "Cellar" situado en la planta baja que alberga un mercado de alimentación y una selección excelente de enseres de cocina. Otra cuestión es que encuentre lo que busca —o la salida— antes de que se haga de noche. ⑥ **The Herald Center** es un centro comercial corriente y moliente aunque de los caros, pero uno puede divertirse subiendo y bajando en sus ascensores de cristal. ⑦ Anteriormente fue Gimbel's y ahora es la sucursal de Manhattan del Gran Almacén más grande de Brooklyn, Abraham & Straus: **A & S Plaza.** Fíjese en el puente sobre W 32nd Street.

MANHATTAN

Fifth Avenue a la altura del Gran Almacén Lord and Taylor

El trozo de West 40th Street que linda con Bryant Park ofrece una vista dramática de algunos de los rascacielos más interesantes de la ciudad. ① El parque situado al norte y las ventanas que comprenden dos plantas dejan entrar la luz en los **Bryant Park Studios** (Charles A. Rich, 1901), en un estilo *Beaux Arts* flamante. ② Columnas toscanas colosales flanquean la entrada al anterior **Republican Club** (1904), ahora Daytop Village Inc., World Federation of Therapeutic Communities. ③ Una joya en la corona de los rascacielos de West 40th Street es el sensacional **American Standard Building,** de color negro y dorado, de Raymond Hood, una fusión de diseño *Art Deco* y detalles góticos, contruido en 1923 para la American Radiator Company. Cuando por la noche está iluminado puede parecerse —muy apropiado para una compañía térmica— a una trozo de carbón candente. ④ Construido como el **Engineers Club** en 1906 y ahora convertido en apartamentos, 32 West 40th Street (escondido) es un edificio neo-renacentista de buenas proporciones que tiene columnas corintias que hacen juego con la New York Public Library (biblioteca, *vea pág. 79)* que está en frente. ⑤ El muro cortina de cristal del **Republic National Bank Tower** (1986), de forma angular figura como un telón de fondo anacrónico del **Knox Hat Building,** construido, ⑥ en estilo neo-clásico, en 1902 para un sombrerero prestigioso. Las calles **debajo de West 40th Street,** situadas en la periferia de una de las zonas más abandonadas de Manhattan, están salpicadas de pequeñas tiendas selectas que venden todos los requisitos de Garment Center, desde botones y guarniciones hasta lentejuelas y diamantes falsos. **39th Street** ofrece una serie de restaurantes buenos: todos son típicos de Garment Center *(vea pág. 77),* animados a la hora del almuerzo, vacíos por la noche. Entre ellos ⑦ está el italiano divertido e informal **Grappino** (No. 38; escondido; **$$**), ⑧ **Sunny East,** un restaurante de Sichuan caro **($$)** que tiene una pecera impresionante. ⑨ **Lord and Taylor.** Este gran Almacén se remonta a una pequeña mercería establecida por un inmigrante inglés en 1826. Se trasladó a su emplazamiento actual en 1914 y sigue manteniendo su aire un poco cursi. Moda clásica de diseñadores norteamericanos para mujer y hombre, zapatos y enseres son su fuerte, y hay gente que viene desde el otro lado de la ciudad solamente para ver sus escaparates de Navidad, esmeradamente decorados con escenas nevadas. ⑩ Si está buscando un ancla, un foque o sencillamente una gorra de capitán de yate, **Goldberg's Marine Distributors** (12 W 37th St.; escondido) es el sitio donde ir.

Al este de Bryant Park

Aquí encontrará calles tranquilas, algunas con vistas bonitas hacia el oeste de la importante New York Public Library *(vea pág. 79)* ① Si le gusta el vino de California, elija a su gusto entre el gran surtido en el **Park Avenue Liquor Shop.** ② **Lloyd and Haig** (295 Madison Ave; escondido), zapatería para caballeros tradicional. ③ **Délices de France** (289 Madison Ave.; escondido), chocolateros con un asador al estilo francés en la planta baja **($).** ④ Mire hacia arriba y fíjese en los colores naranja, verde y azul brillantes del techo de mosaico del vestíbulo de No. 274 Madison Ave. ⑤ En **T.O. Dey** (No. 9) le transformarán sus zapatos o sencillamente los repararán. ⑥ Tome nota de la **hilera de casas** atractivas de E 39th St., hechas de piedra caliza de color rojo. El No. 28 es el **C. G. Jung Center.** ⑦ **Doral Park Avenue.** Un buen hotel con un confor considerable que no llega a ser ostentoso, tiene también un gimnasio **($$$).**

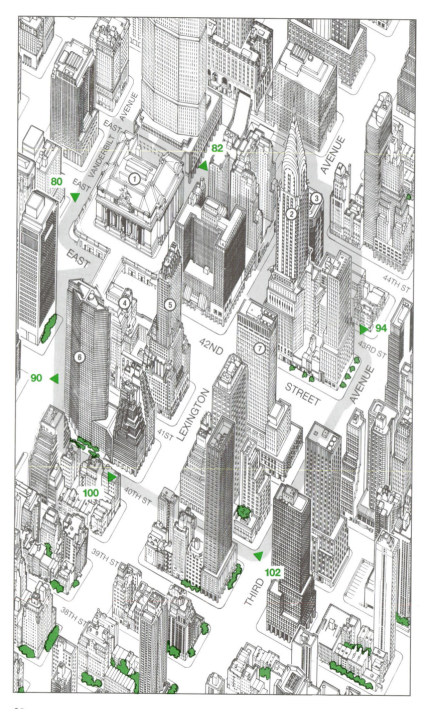

MANHATTAN
Grand Central Station/Chrysler Building

Asediada por todos los lados por altos edificios de oficinas, en su mayoría sin carácter, **Grand Central Station** es una pieza maestra en estilo *Beaux Arts* que ha sobrevivido la embestida violenta de la modernidad. Su fachada clásica impresionante, completada con arcos de triunfo flanqueados de columnas dóricas y dominado por una escultura de Julea Coutan, mira sobre toda la Park Avenue hacia el sur. Eclipsando a McKim, Mead y White, sus rivales formidables, en una competición, los arquitectos Reed y Stem también diseñaron, con la colaboración de Warren y Wetmore, una red compleja de andenes subterráneos situados debajo del edificio magnífico de la estación. En la entrada por la 42nd Street se apostan los limpiabotas —una reliquia de los años 20— a la espera de hacer negocio. Dentro, el vestíbulo principal (Main Concours) llama la atención por su gran volumen y tiene mármol en los suelos y las paredes, el techo abovedado está adornado con estrellas y símbolos. ① El más famoso restaurante de pescados y mariscos de Nueva York, **The Oyster Bar ($$)**, se encuentra dentro de la estación. Se trata de un sitio ruidoso, cavernoso y sin adornos en sus paredes alicatadas y techos abovedados que es una institución pero muchas veces sus platos corrientes no se ajustan a su reputación. ② Hay pocas vistas nocturnas en Nueva York tan impresionantes como este triunfo del estilo *Art Deco*, el **Chrysler Building,** con sus arcos de acero imitando las rejillas del radiador de un coche que se iluminan con luz fluorescente. La coronación del edificio es espectacular hasta de día cuando brilla bajo la luz del sol. Construido en 1930 para la conocida marca automovilística y en este momento el edificio más alto del mundo, está decorado con motivos que aluden al mundo de los coches. ③ Un rascacielos de chiste, **425 Lexington Avenue** es una cosa postmoderna, de cristal y de color verde mar, adornado con mármol rosa. ④ **Bowery Savings Bank,** en estilo románico. Un arco monumental domina su fachada oscura. Intente ver la sala de operaciones y el vestíbulo, ambos muy amplios y suntuosamente decorados, y las puertas de los ascensores de latón labrado. ⑤ **Chanin Building,** un pieza flamante de *Art Deco* construida en 1929 para esta compañía inmobiliaria que tiene un bajorrelieve precioso de Edward Trumbull en la tercera planta. Entre en el vestíbulo para admirar las rejillas notables de los convectores. ⑥ **101 Park Avenue,** una torre de cristal negro que acoge a **C.I. Ristorante ($$),** que los miércoles y jueves tarde presta su entorno de alta tecnología a actuaciones de jazz. ⑦ El **Mobil Building** de 1955, vestido de paneles de acero inoxidable que crean corrientes de aire que mantienen limpio el edificio.

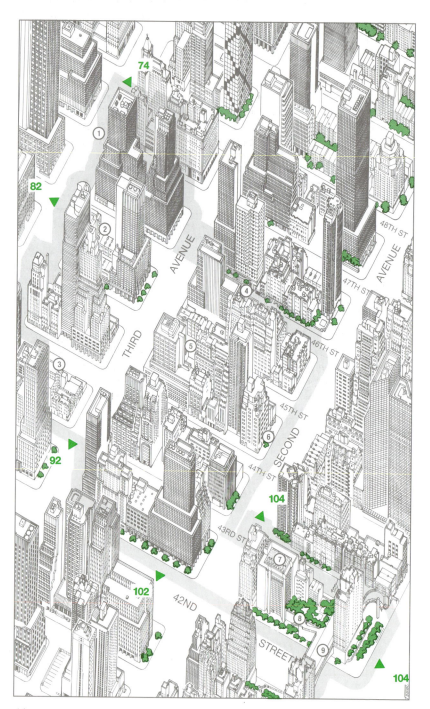

MANHATTAN
Al oeste de las Naciones Unidas (UN)/ Ford Foundation

① **Roger Smith Winthrop** (501 Lexington Ave.; escondido; **$$**), un hotel corriente de Midtown que recientemente fue restaurado. ② Nanni, un restaurante italiano con una larga historia (más de 20 años lo que para Nueva York es mucho tiempo) con poco espacio, una decoración algo raída y pastas deliciosas —pero los precios son altos **($$$).** ③ De piedra y ladrillo pálidos es la casa del párroco de **St. Agnes** y la iglesia misma (al lado) que es impresionante aunque algo ruinosa. ④ El *gángster* Paul Castellano encontró su fin en la entonces habitual lluvia de balas en frente de **Sparks** (210 E 46th St.; escondido; **$$$**), un *steakhouse* popular que es famoso no tanto por sus carnes sino por su larga carta de vinos. Cerca está, ⑤ el **Pen and Pencil** (205 E 45th St.; escondido; **$$**) otro *steakhouse*. En esta ocasión, la carne se sirve en un agradable ambiente a la antigua. ⑥ **Palm** y en frente **Palms Too** (**$$$**) son sitios a los que suelen acudir los extranjeros para ver como son de grandes los *steaks* y las langostas americanas —enormes. Aparte de la comida abundante, el servicio es algo rudo, en el suelo hay serrín, en las paredes caricaturas y el ruido es estrepitoso. ⑦ Para cambiar de escenario y disfrutar de un poco de paz y tranquilidad no puede hacer nada mejor que entrar en el jardín interior, siempre cambiante y verde de la **Ford Foundation,** que se completa con una fuente. Este es el primer y mejor atrio de Nueva York (Roche, Dinkeloo y Assocs, 1967), un invernadero de 12 plantas que se apoya en cuatro columnas de granito. Seguramente es uno de los edificios de la ciudad en los que se trabaja más a gusto. ⑧ Aquí están las **escaleras** que llevan a ⑨ **Tudor City Place,** la calle-puente que pasa por encima de E 42nd Street *(vea Tudor City pág. 103).* También se ve el parque de Tudor City que está más hacia el norte. Desde Tudor City Place se tienen unas bonitas vistas de las Naciones Unidas.

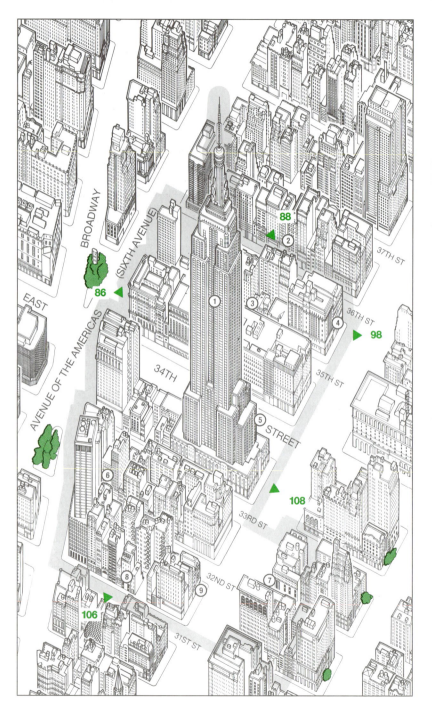

MANHATTAN
Empire State Building

Una zona dominada por el decano de los rascacielos de Nueva York y durante 41 años el más alto del mundo, ① el **Empire State Building.** Su diseño geométrico en estilo *Art Deco*, reproducido en miles de tarjetas postales, recuerda las películas de los años 30 y el inolvidable King Kong escalando su torre. El más singular elemento de la famosa silueta de Manhattan se construyó sobre el solar del Waldorf-Astoria original, un balneario de la alta sociedad de finales de siglo que comprendió dos hoteles conectados entre ellos, construidos por Mrs William Astor y su nieto William Waldorf Astor, que estaban reñidos entre sí. Durante la Depresión, sólo unas pocas empresas pudieron pagar los alquileres del Empire State, y recibió el apodo de "Empty (Vacío) State Building". Los impuestos se pagaban de lo que se ingresó por el mirador, que se tuvo que cerrar con verjas para evitar suicidios. Cada febrero tiene lugar una carrera por los 1.575 escalones hasta la planta 86, el mejor suele tardar unos 12 minutos. El **Guinness World Exhibit Hall** se muestra a la altura de los récords que expone. ② **Keen's Steak and Chop House** (72 W 36th St.; escondido), un típico bar del Garment District del siglo XIX, sirve chuletas suculentas. ③ El dramaturgo Eugene O'Neill vivió en **36 West 35th Street** entre 1921 y 1922. ④ Cuando el *beau monde* residía en Murray Hill, los maridos infieles compraban chucherías para sus amantes, o regalos de reconciliación para sus mujeres, en **Gorham's,** los joyeros que ocupaban este *palazzo* de McKim, Mead y White que en su día fue excepcional y que luego se modificó con poca fortuna. ⑤ Una delicia de los años 30, ahora estropeada por las fachadas de los 90, que originariamente acogió a **Spear & Co.,** una tienda de muebles (22 W 34th St.; escondido). ⑥ La mansión extravagante de Henry J. Hardenbergh en estilo *Beaux Arts* (1897) fue asilo de personas sin hogar durante una época de su historia; ahora es el **Hotel Martinique,** en restauración **($$).** ⑦ **Henry Westpfal** (4 E 32nd St.; escondido), el par de tijeras gigante que cuelga encima de la entrada da una pista sobre lo que se vende en este establecimiento con solera abierto en 1874; herramientas. ⑧ Si no lo ha deducido de lo que pone en la fachada clasicista o por las iniciales entrelazadas de sus balcones de hierro forjado: esto fue el edificio de la revista *Life*, ahora el **Hotel Clinton ($$).** ⑨ **Kaskel & Kaskel Building,** exponente ruinoso del estilo *Beaux Arts*.

MANHATTAN
Murray Hill

El sitio en el que Robert Murray decidió construir su granja alrededor de 1750 se convirtió en una de las zonas más elegantes a finales del s. XIX e incluso hoy en día sigue siendo una zona residencial tranquila. Sus calles, muchas de ellas aún alineadas con casas de ladrillos, invitan a pasear con tranquilidad. ① Antes de que su hermano menor, el Royalton *(vea pág. 79)*, usurpara su posición, el **Morgan's** (237 Madison Ave.; escondido) fue el hotel más moderno de Nueva York. Monocromo y minimalista, fue ideado por Steve Rubell, del famoso Studio 54, y diseñado por Andre Putnam **($$$)**. ② **DeLamar Mansion,** ahora el consulado polaco, una extravagancia en estilo *Beaux Arts,* construida por C. P. H. Gilbert en 1905 para un marinero y magnate de minas neerlandés que estaba empeñado en superar a su vecino de enfrente, J. P. Morgan. ③ Elija entre una suite tatami genuina, completa con su futon y su baño japonés, o una habitación de estilo colonial en el hotel **Kitano,** de propietarios japoneses **($$)**. ④ **J. P. Morgan Jr House,** antes una casa de ladrillos de color rojizo *(brownstone)* y ahora propiedad de la iglesia luterana y tristemente ruinosa aunque existen planes para restaurarla e incorporarla a la Morgan Library. ⑤ El **Union League Club,** con su arcos de estilo neo-georgiano y fundado en el s. XIX por un grupo de republicanos que abandonó el Union Club porque éste se negó a echar a los partidarios de la Confederación. ⑥ Pasar medio día en la biblioteca **Pierpoint Morgan Library** será suficiente para restaurar el espíritu del turista más exhausto. Un *palazzo* de McKim, Mead y White acoge las colecciones de J. P. Morgan: libros de horas flamencos, pinturas, cartas y partituras eclécticas, una biblioteca con galerías y con dos escaleras escondidas, y su estudio ricamente adornado con sus "chucherías". ⑦ **H. Percy Silver Parish House** (209 Madison Ave.; escondido), una casa encantadora de 1868 que debe su nombre a un vicario de ⑧ la **Church of the Incarnation.** Su aspecto exterior ennegrecido le da un aire siniestro mucho peor; en sus interiores alberga algún que otro vidrio de Tiffany. ⑨ **Complete Traveller** (199 Madison Ave.; escondido). Tiene que tocar el timbre para acceder a una pequeña librería llena de libros de viajes acerca de sitios tan diversos y distantes como Alaska y los Alpes. ⑩ El **Collectors' Club** (22 E 35th St.; escondido) de McKim, Mead y White. ⑪ Un placa marca el emplazamiento de **la granja de Murray** y conmemora el papel heroico de Mrs Murray en la Revolución Americana. ⑫ Un café italiano simpático con mesas en las aceras, **Dolci on the Park ($$).**

MANHATTAN
Al este de Murray Hill

① El **Bedford** (No. 118; escondido), con su vestíbulo adornado de paneles de madera y su aspecto exterior inesperado con figuras de hombres viejos, dragones, búhos y figuras mitológicas extrañas, es un hotel de nivel medio que tiene cocinas americanas en cada habitación **($$)**. ② **Christine's**. Sólida comida polaca —*borscht, pierogis, blintzes*— en un entorno sencillo (manteles de color rosa, sillas acromadas); siempre popular **($)**. Al lado está **Porteroz** donde acude el vecindario para disfrutar de su buena cocina del norte de Italia **($$)**. ③ Dos hoteles excelentes en esta parte de E 39th St. (ambos escondidos): el **Doral Court** (No. 130; **$$**) y su hermano mayor el **Doral Tuscany** (No. 118; **$$$**). Ambos son tranquilos, civilizados y tienen sus toques particulares. También ambos tienen restaurantes agradables, el alegre **Courtyard Café** en el primero y el más serio **Time and Again**, en el segundo. En frente de Doral Court está el **Maison Japonaise** (No. 125), un restaurante franco-japonés de buen tono **($$)**. ④ Solo y abandonado, el **No. 148** es una casa de carruajes muy simpática que data de 1875. Uno se pregunta qué va a ser de ella. ⑤ En el año 1920 Scott Fitzgerald vivió aquí en el **No. 145** cuando fue un hotel. A continuación comenzó su malogrado matrimonio con Zelda. ⑥ Otra casa de carruajes, que en este caso parece haber sido trasladada directamente de los canales de Amsterdam, **No. 149**. En frente, **No. 152** (escondido) es encantador, una curiosa casita del s. XIX abandonada, situada al fondo de un jardín bonito y lleno de enredaderas. Una logia de piedra (fíjese en los delfines) da a la casa un aire de exclusividad. ⑦ **No. 57 Park Avenue** (escondido) es un edificio al estilo *Beaux Arts* que atrae las miradas. Al lado está la **Church of St. Saviour** (católica). ⑧ Lujo disimulado y al estilo de Park Avenue en el hotel **Sheraton Park Avenue ($$$)**. ⑨ Una hilera bonita de **brownstones**, las típicas casas de ladrillos rojizos de Murray Hill. ⑩ Si siente la necesidad de comer a medianoche, vaya a la mantequería **Sarge's** que no cierra nunca **($)**.

MANHATTAN
East 42nd Street

La calle 42, la gran arteria este-oeste que parte Midtown en dos, llega a alcanzar aquí hasta el East River. Toda esta parte está alineada con edificios impresionantes, cuyo punto culminante es la Ford Foundation *(vea pág. 95)* y las Naciones Unidas *(vea pág. 105)*. ① El último **Horn and Hardat automat** (200 E 42nd St.; escondido; **$**), el único superviviente de esta especie antaño muy extendida, cerró en abril de 1991. Estos restaurantes sin camareros, donde las raciones de comida esperaban pacientemente tras portezuelas de cristal a que alguien las sacara después de haber echado una moneda, fueron una novedad maravillosa de los años de la depresión. Este restaurante es de 1958, un ejemplo tardío. ② **New York Helmsley,** un hotel eficiente, pensado para gente de negocios **($$$)**. ③ El **Daily News Building** es una torre temprana (Howells y Hood, 1930), que lleva un añadido de 1958 impresionantemente ajustado. Entre en el vestíbulo para ver el globo dando vueltas. ④ De paso puede tomar una docena de ostras en **Dock's Oyster Bar,** o si tiene más tiempo disfrutar de su excelentes platos de pescado (633 3rd Ave.; escondido; **$$**). ⑤ La **Church of the Covenant** fue construida en 1871, pero está emplazada en el complejo de Tudor City. Su interior bonito tiene vidrieras de colores. ⑥ Al turista, **Tudor City** se presenta como un puzzle curioso. Un enclave residencial construido enteramente en estilo Tudor a mediados de los años 20 por la conocida compañía inmobiliaria Fred F. French concebido para destacar entre las otras calles, entonces llenas de barro y miseria. Los edificios de apartamentos estaban diseñados de tal modo que tenían vistas sobre uno de los dos parques particulares: fíjese en que las paredes que dan al este apenas tienen ventanas. La urbanización incluye tiendas, una oficina de correos y un hotel, que antes se llamaba el Tudor, ahora es el modesto ⑦ **Chatwal Inn** (304 E 42nd St.; **$**); *(vea también pág. 95)*.

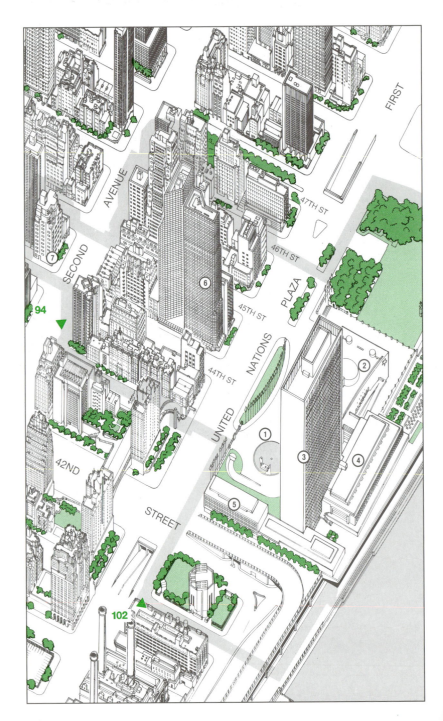

MANHATTAN
Sede principal de las Naciones Unidas

Lo mejor de una visita de ① las **Naciones Unidas** es el comedor (solamente entre semana) del **Delegates' Dining Room ($$)** situado en la última planta del Conference Building y mirando sobre el East River. Antes era difícil entrar, había que apuntarse a una de las muchas visitas guiadas o, aún mejor, asistir a una sesión pública de la Asamblea General o del Consejo de Seguridad (entradas gratuitas en el mostrador de información). La sede principal de las NU fue diseñada en los años 50 por un grupo de arquitectos internacionales (entre ellos Le Corbusier que más tarde se retiró) y comprende los siguientes edificios: ② la **Asamblea General,** ③ el **Secretariado General,** que se parece a una tableta de chocolate, ④ el de las **Conferencias** (que incluye tres salas de conferencias espléndidas donadas por países escandinavos), y ⑤ la **Biblioteca Hammerskjöld.** En frente del edificio de la Asamblea General se encuentran las banderas de todos los estados miembros dispuestas en orden alfabético, tal como están sentados los delegados en su interior. A pesar de la importancia de las NN.UU., nunca tan grande como hoy en día, y a pesar de las banderas, las obras de arte donadas por las distintas naciones, los jardines tranquilos, el hermosos emplazamiento a orillas del río es difícil sentir respeto por el edicicio —el sitio es más bien gris. El complejo se construyó sobre terrenos— un recinto de almacenes y mataderos —comprados y donados por John D. Rockefeller. En otros tiempos hubo aquí una bahía, un arroyo y una granja, todo ello conocido bajo el nombre de Turtle. La zona sigue llamándose Turtle Bay (no se pierda **Turtle Bay Gardens,** las casas adosadas con jardines comunitarios situadas en las calles E 49th y E 48th entre las avenidas 2nd y 3rd, fuera del plano) y el río sigue pasando al lado de E 48th Street. ⑥ En frente de las NU se levantan un par de rascacielos vertiginosos, **1 y 2 United Nations Plaza** (1976 y 1980), cuyas paredes de cristal verde con trazados de aluminio le confiere un aspecto de gigantes hojas de papel milimetrado. La planta 28 del No. 1 es el vestíbulo del hotel **$United Nations Plaza ($$$);** su **Ambassador's Grill** (techo de espejos sorprendente) sirve excelentes platos de la Gascuña **($$).**

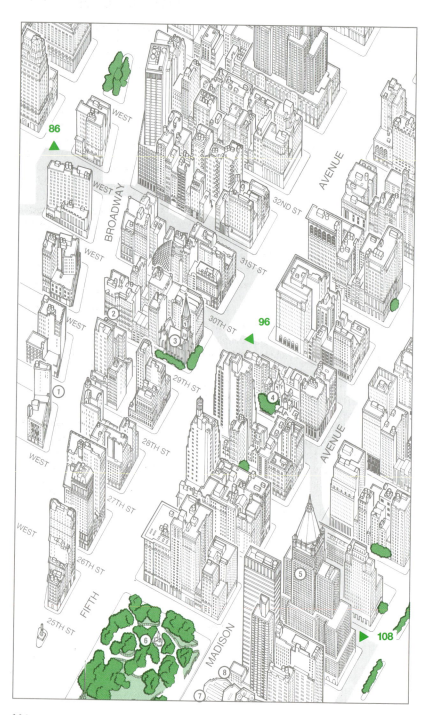

MANHATTAN
Madison Square Park

① ¿Dónde estaba Tin Pan Alley, el centro de la música popular? Fue aquí, a lo largo de **W 28th Street,** donde nacieron las notas de los compositores que alimentaron los teatros musicales que surgieron en el Broadway. Ahora el theater district se ha concentrado en la zona de Times Square *(vea pág. 69),* pero en los primeros años del siglo se concentraron algunos teatros, hoteles elegantes, tiendas y restaurantes de moda a lo largo de "the Great White Way". La mayoría de los edificios son restos tristes de la grandeza que antaño ostentaba la zona. Una excepción es ② **Gilsey House,** antes un hotel famoso, ahora un edificio de apartamentos. Antaño, las marquesinas de rayas le daban al edificio de mármol y hierro forjado un toque aún más distinguido. ③ La **Marble Collegiate Church,** tranquila y solemne, data de 1854, pero su congregación Neerlandesa Reformada se remonta a 1628, cuando Nueva York fue la colonia neerlandesa de Nieuw Amsterdam. ④ Merece la pena repetir la historia de cómo la **Church of the Transfiguration** se convirtió en la "pequeña iglesia a la vuelta de la esquina". Cuando en 1870 se murió un actor, George Holland, su amigo Joseph Jefferson intentó enterrarle en un iglesia de la vecindad. El pastor lo rechazó, pero le dijo "hay una pequeña iglesia a la vuelta de la esquina donde le ayudarán". La iglesia, con su ambiente encantador, sigue manteniendo fuertes lazos con la gente del espectáculo y los necesitados. ⑤ El **New York Life Building** (1928), que se reconoce al instante por su torre cuadrada coronada con un sombrero cónico dorado, tiene un hall impresionantemente adornado. Está situado en el solar del primer y segundo Madison Square Garden, el último diseñado por Stanford White, de la gran firma arquitectónica de McKim, Mead y White. Le mató a tiros el marido de Evelyn Nesbitt, una antigua amante suya, cuando estaba sentado en la terraza del ático de este edificio. ⑥ **Madison Square Park** fue el centro de esta zona antaño elegante, pero ahora sencillamente es un oasis tranquilo, lleno de estatuas. ⑦ La torre de reloj de 210 metros de la **Metropolitan Life Insurance Company** (fuera del plano). Construida en 1909, estaba inspirada en el *campanile* de San Marco de Venecia y durante un tiempo fue el edificio más alto del mundo. ⑧ **Appellate Division, NYS Supreme Court** (Tribunal de Apelación de la Corte Suprema del Estado de Nueva York, 35 E 25th St.; escondido). Un edificio que, tanto dentro como fuera, se adecúa a la institución que alberga (1900).

MANHATTAN
Park Avenue South

① **Salta in Bocca** (179 Madison Ave.; escondido) es un restaurante italiano formal **($$)**. ② Las oficinas y estudios de Andy Warhol se encontraban en **The Factory**, un edificio más bien decepcionante que se extiende, en forma de L, hasta la calle 32 y que tiene grandes cristaleras en sus dos fachadas. ③ Un edificio de Warren y Wetmore, que en su día fue el **Vanderbilt Hotel**. ④ Una mezcla de *Art Nouveau* y detalles góticos en el **Remsen Building** de Frank Goodwillie (1917). ⑤ Una elegante mansión, construida en 1895 para el **Grolier Club**. ⑥ **No. 2 Park Avenue**, un edificio de oficinas bastante corriente que, sin embargo, destaca por su coronación de baldosas en estilo *Art Deco* y que también acoge a **An American Place** de Larry Forgione, un restaurante donde la comida es tradicionalmente americana y el ambiente suave y relajado **($$$)**. ⑦ Fíjese en la forma de **Madison Avenue Baptist Church Parish House** (30 31st St.; escondido), un edificio de principios del siglo en ladrillo y piedra caliza, decorado con motivos árabes. ⑧ La **American Academy of Dramatic Arts** construido por McKim, Mead y White en estilo *Federal* para el Colony Club en 1905. ⑨ El **Emmet Building** (1912) en estilo renacentista. ⑩ Los amantes de la cocina libanesa no deben perderse **Cedars of Lebanon** (39 E 30th St.; escondido; **$**). ⑪ El **Raymond R. Corbett Building** (451 Park Ave.; escondido), en acero oxidado, es de los años 70 y lleva el nombre del líder de un sindicato de metalúrgicos. ⑫ **Bowker Building** (1929), excéntrico en su arquitectura y variedad de colores. ⑬ Un "templo" clásico espléndido, construido en 1909 como el **New York School of Applied Design for Women**, ahora la Vocational Rehabilitation Agency. ⑭ Encontrará auténtica comida francesa en **Park Bistro ($$)**. ⑮ **First Moravian Church**, construida en 1845 en un estilo románico sin pretensiones. ⑯ **Sonia Rose**, un restaurante pequeño con mucha atmósfera y un menú variado **($$)**. ⑰ El artista americano dinámico Mark Rothko vivió en **29 E 28th Street** entre 1940 y 1943. ⑱ **No. 123 Lexington Avenue**, residencia entre 1900 y 1907 del magnate de la prensa William Randolph Hearst. ⑲ **St. Stephen's Church** (1854) de James Renwick, hijo en estilo románico que contiene un mural notable del artista italiano Constantino Brumidi, que durante 25 años pintó el interior del Capitolio de Washington.

MANHATTAN
Al sur de Murray Hill

Según nos vamos desplazando hacia el este, las mansiones opulentas de los alrededores de Park Avenue se van deteriorando hasta que Murray Hill degenera en la deslustrada Second Avenue. ① En contraste con sus vecinos pálidos de Park Avenue, la fachada de ladrillos y piedras de color marrón obscuro de **J. Hampton Robb Mansion** es una vista impresionante. Construida por Stanford White a finales del siglo XIX en el gran estilo renacentista italiano para Robb, un abogado adinerado. Ahora alberga viviendas de lujo. ② Al lado de la magnífica **James F. D. Lanier Residence** (1903), piedra caliza y ladrillos en estilo *Beaux Arts*, la única hilera de casas de *brownstones* originales (Nos 105-121) de Murray Hill queda pequeña. ③ La **New Church (Swedenborgian)** (112 E 35th St.; escondido) es un edificio en estilo *Italianate* con un fachada blanca desconchada y un jardín bonito lleno de árboles que ofrece un poco de variedad entre las casas adosadas. ④ **Sniffen Court,** un enclave retirado del ruido y las prisas, es una plaza adoquinada formada por diez establos en estilo románico construidos por el promotor local John Sniffen en los años 50 del siglo pasado y convertido en viviendas en los años 20. Al fondo está la pared de los antiguos talleres de la escultora Malvina Hoffman llena de placas de jinetes. ⑤ Casas de carruajes remodeladas en los **Nos 133, 137, 158** (escondido) y **159 E 35th Street** con un friso de terracota interesante. ⑥ **Health Education Center,** una torre sencilla de ladrillos rojos que se levanta sobre el Obelisco de la Paz de Irving Marantz (escondido). ⑦ **Armenian Evangelical Church** (152 E 34th St.; escondido) tiene una fachada neo-clásica interesante y un mural en la pared oeste. ⑧ **No. 1 Park Avenue,** un edifico de los años 20 en el solar de una fábrica de pegamento del s. XIX que luego se convirtió en establos. ⑨ **Back Porch ($$),** un café alegre con marquesinas a rayas y mesas en las aceras; el sitio perfecto para descansar durante los días calurosos. ⑩ **Milton Glaser Design Studio** (1910). Esta casa estrecha —el ancho de la fachada en estilo renacentista francés permite solamente dos ventanas por planta— se quedó sola y aislada cuando sus vecinas fueron derribadas y ahora es el hogar de uno de los diseñadores más famosos de Nueva York. ⑪ **Murray Hill Antiques Center Inc.,** un sitio singular y acogedor, está lleno de curiosidades y muebles. ⑫ Alojado en un brownstone cubierto de enredaderas, **Marchi's ($$)** es un restaurante italiano con menú clásico.

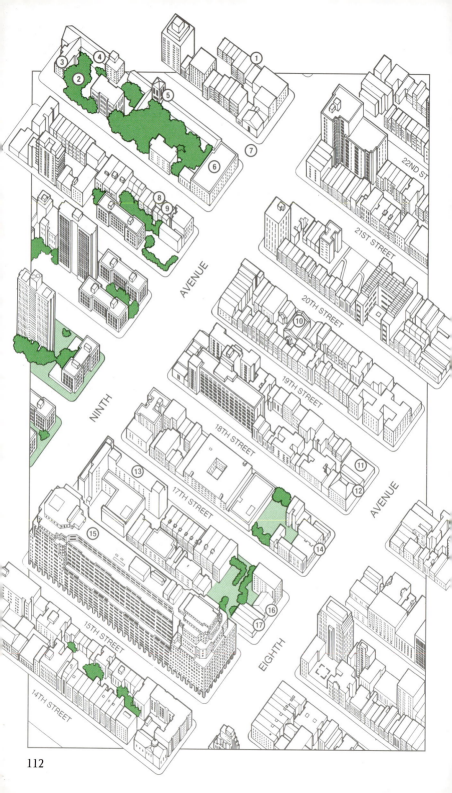

MANHATTAN
Chelsea

Arboles y viviendas, fábricas y casas elegantes se codean en este barrio que en el s. XVIII fue la finca del Capitán Thomas Clarke. ① Los números 400-412 West 22nd Street son casas en estilo *Italianate* (1856) bien conservadas, que se conocen como **James N. Wells Row.** El **No. 436** (fuera del plano), una casa en estilo *Greek Revival* que compró el actor Edwin Forrest *(vea East Village, pág. 121)* para poder huir de sus parientes déspotas. ② El retiro del mundanal ruido de la ciudad queda asegurado en el césped del **General Theological Seminary** (Haight, 1883-1900). Componentes importantes son ③ el **West Building** (1835), un ejemplo temprano del estilo *Greek Revival;* ④ **Hoffman Hall,** con una reproducción de una sala medieval con su galería para los músicos y su techo abovedado; ⑤ **Chapel of the Good Shepherd,** con sus sorprendentes puertas de bronce y su torre cuadrada que es copia de la del Magdalen College, Oxford; y ⑥ **St. Mark's Library** (1960), la mayor colección de libros eclesiásticos de EE. UU. ⑦ West 21st Street da una idea de cómo era el Chelsea antiguo con sus casas elegantes en estilo *Italianate* retranqueadas de la calle; sus jardines delanteros pequeños pero verdes tras rejas de hierro forjado. ⑧ **Cushman Row,** con casas en estilo *Greek Revival* y ricas en detalles arquitectónicos: desde piñas de hierro fundido que coronan las estacas hasta las guirnaldas alrededor de las ventanas de las buhardillas, fue construido por el merchante Don Alonzo Cushman, en su afán de hacer fortuna. ⑨ **No. 404,** la casa más antigua de Chelsea. En un calle de casas en estilo *Greek Revival* están ⑩ **St. Peter's Church,** un ejemplo temprano del neo-gótico, la **casa del párroco** en estilo *Greek Revival* y la sala parroquial en estilo gótico victoriano, ahora el **Apple Core Theater,** todo ello rodeado de verjas del s. XVIII de la Trinity Church, Broadway. ⑪ El **Joyce Theater** en estilo *Art Deco* maravillosamente restaurado. ⑫ *Un bistro* minimalista, **Man Ray,** que sirve comida francesa regional **($$).** ⑬ Un edificio de baldosas blancas, un ejemplo extraordinario de la arquitectura de los años 60 lleno de portillas, construido como la **National Maritime Union.** ⑭ Un antiguo *speakeasy* (bar clandestino), el **Chelsea Place** combina, en los sótanos de una tienda con solera, un restaurante italiano con un jardín, un estanque de patos y un bar de *jazz* en la parte de arriba **($$).** ⑮ El **Port of New York Authority Commerce Building** de los años 30. ⑯ **Miss Ruby's Café,** un sitio sencillo y acogedor con suelo de tarima y paredes de color rosa; cada semana ofrece distintos platos regionales norteamericanos **($$).** ⑰ **Cajun,** mezcla de generosas raciones de comida de Cajun con *Dixieland* jazz en vivo **($$).**

Greenwich Village/Morton Street

Greenwich Village fue un asentamiento de indios, un pueblo rural, un refugio de la peste, una zona elegante y, a principios de este siglo, lugar de los bohemios. Hoy en día conviven los vecinos ricos y *chic* con estudiantes, vagabundos y turistas. Tal vez sea la zona de Manhattan más accesible al visitante, dónde la ética del trabajo es menos evidente. Es una hermosa ciudad dentro de la ciudad, encantadora de día, animada de noche, con un conjunto de calles pequeñas que desafían la lógica de la parrilla. ① **Christopher Street**, conocida en los 60 por ser la primera zona *gay* de Nueva York. Entre sus tiendas está **Li-Lac** que vende chocolates caseros. No podrá resistir el olor que desprende **McNultys Tea and Coffee Co.** ② La razón por la que **St. Luke's-in-the-Fields** parece fuera del lugar radica en que se construyó como iglesia de campo en 1822. ③ Los pasantes miran con envidia a **Grove Court** (1853), situado en un bonita hilera de casas en estilo *Federal*, los **Nos 4-10**, y dos casas en estilo *Greek Revival*, los **Nos 14-16.** ④ En **Commerce Street, Cherry Lane Theater** fundado en 1924 por el poeta Edna St. Vincent Millay y sus amigos. Los **Nos 39-41** forman una simpática pareja de casas separadas por un jardín. La historia que cuenta que un capitán de navío las construyó para sus dos hijas reñidas entre sí es, desgraciadamente, falsa. En frente está **Blue Mill Tavern ($)**, un negocio familiar. ⑤ **Morton Street** mantiene aún su aire bohemio. Fíjese en los ornamentos del **No. 42** y el portal de estilo *Federal* del **No. 59**. En **Bedford Street** no puede perderse ⑥ **Twin Peaks**, una casa de fantasía creada en 1925. Difícil de encontrar es ⑦ **Chumley's ($)** porque no se anuncia en la calle, un resto de su pasado de *speakeasy* en los tiempos de la Prohibición, también lo es el pasadizo para poder escapar de la policía. ⑧ El diminuto **No. 75 1/2, donde solamente cabe una ventana, fue las casa de Edna St. Vincent Millay.** ⑨ Los niños que están jugando en **Walker Park**, despejado y rodeado por una verja alta, nos hacen recordar que no se trata de un lugar retirado sino de una parte del centro urbano aunque ⑩ las encantadoras casas en estilo *Italianate* que, bajo la sombra de árboles, lo vigilan en **St. Luke's Place** indiquen lo contrario. ⑪ **Rakel, espacioso,** *chic, nouvelle* **($$$).** ⑫ **SOB's**, el tranquilo punto de reunión donde los esmóquines se mezclan con los vaqueros para disfrutar de la noche escuchando música. ⑬ Esta parte de **Bleeker Street** es famosa por sus tiendas de comestibles, la mayoría italianas. También está **John's Pizzeria**, rebosante y perfecta **($).** ⑭ **Our Lady of Pompeii** (católica) parroquia del vecindario italiano.

MANHATTAN
Greenwich Village/Macdougal Street

① Sin dejar la parte oeste de 6th Avenue *(vea pág. anterior)*, **Sabor** (No. 20), hasta los topes pero alegre, sirve comida cubana **($$)**, y **Lofti's** (No. 28) buenos platos marroquíes **($$)**. ② **St. Joseph's** (católica), un templo en estilo *Greek Revival* con interiores que se parecen a un salón de baile. Cruce a Macdougal Street a donde acudieron los bohemios para vivir en los cafés, *bistros, buhardillas y en el viejo Liberal Club (No. 137). El impulso artístico ya ha desaparecido, pero la zona sigue llenándose de gente por la noche y está repleta de pequeños cabarets y cafés obscuros. Uno de los más antiguos es* ③ el **Caffé Reggio.** Fíjese, en frente de él, en los **Nos 130/132** con sus pórticos de hierro cubiertos de flores. ④ **Minetta Tavern,** también con pocos cambios y llena de recuerdos **($$)**. ⑤ **Caffé Dante.** ⑥ Estas casas pintadas de colores alegres del s. XIX, conocidas como el **Macdougal-Sullivan Historic District,** tienen un jardín público poco corriente que fue creado en los años 20. ⑦ **Raffetto's,** aquí se elabora la pasta desde 1906. ⑧ **Sullivan Street Playhouse,** hogar de *The Fantasticks* desde hace 30 años, todo un récord. ⑨ Visite el aromático **Bath House,** con sus perfumes y cremas. En frente ⑩ hay una serie de restaurantes tentadores, incluyendo **El Rincón de España ($$)** y **Grand Ticino ($$).** Al lado está el **Chess Shop**: juegue tranquilamente pagando un alquiler o cómprese un ajedrez hecho a mano. Y muy cerca **Backgammon.** ⑪Siempre popular **Il Mulino** (86 W 3rd St.; escondido; $$$); para almorzar. En los márgenes de Washington Square *(vea pág. siguiente)* encontramos ⑫ el **Coach House** (110 Waverly Pl.; escondido; $$$) antes famosísimo y aún funcionando y en frente ⑬ el hotel **Washington Square ($).** ⑭ West 4th Street incluye la **United Methodist Church** de la Comunidad Gay y Lesbiana (el movimiento homosexual de Nueva York tuvo sus raíces en el Village), al lado está la School of Sacred Arts con su aire de terror. El No. 131 es el **Blue Note Jazz Club,** repleto de estrellas. Fíjese en el No. 136, lleno de escaleras de incendios. ⑮Eugene O'Neill compró el **Provincetown Playhouse.** Ahora acoge a las *Vampire Lesbians of Sodom,* tan simpáticas ellas. Al lado están las casas de estilo *Federal* **Nos 127-131.** El No. 129 es el dulce café **Lanterna di Vittorio.** ⑯**NYU School of Law Vanderbilt Hall** (1951) en estilo neo-georgiano. ⑰**Judson Memorial Baptist Church** en estilo neo-románico, con su campanario (ahora residencia de estudiantes) y vidrieras de colores (McKim, Mead y White, 1892). ⑱ Los **Silver Towers,** propiedad de la Universidad de Nueva York.

MANHATTAN
Greenwich Village/Washington Square

① **Eighth Street,** la calle comercial más importante del Village, está llena de tiendas que realmente no quedarán grabadas en la mente del visitante, la mayoría vendiendo ropa y zapatos. ② **MacDougal Alley,** sus casas pintorescas, antiguos establos construidos en los años 50 del siglo pasado, se esconden tras la mole del ③ bloque de apartamentos **2 Fifth Avenue.** ④ Un paseo por **Washington Square North** evoca una poderosa sensación del pasado. Aquí se encuentran las casas en estilo *Greek Revival* más bonitas de EE. UU., construidas en los años 30 del s. XIX para la alta sociedad y más tarde ocupadas por escritores y artistas influyentes, entre los que, por supuesto, estaba Henry James, que basó su obra *Washington Square* en la casa de su abuela, una de las muchas que se derribaron para ensanchar el No. 2 de Fifth Avenue. Fíjese en los detalles que ofrecen todas las casas, desde las balaustradas y verjas de hierro forjado hasta el par de elegantes leones en frente del No. 6. Al oeste de Fifth Avenue, los Nos 21-26 están intactos. De las de la parte este, llama la atención ''*The Row* (fila)'' (los Nos 7-13 son artificiales: solo conservan su fachadas, se vaciaron por dentro para construir apartamentos). ⑤ El restaurante **One Fifth** (escondido), decorado con utensilios rescatados de una transatlántico **($$).** ⑥ Fíjese, al extremo este de **Washington News,** en la **Maison Française** y el **Deutsches Haus** propiedad de la Universidad de Nueva York. ⑦ Colóquese en frente del majestuoso **Washington Arch** (1892) de Stanford White y disfrute de la vista: toda la Fifth Avenue hacia arriba se va difuminando en una imagen borrosa de coches y edificios. El arco está en **Washington Square,** el centro de la animación del Village que anteriormente fue una zona pantanosa, una fosa común y cadalso público. El *campus* de la **New York University** (NYU) se extiende al este y sur de la plaza. Entre los edificios universitarios, que se pueden identificar por las banderas púrpuras, están ⑧ el **Main Building** (que incluye la **Grey Art Gallery,** innovadora y elegante); ⑨ **Brown Building,** remarcable por el trágico incendio que lo destruyó en su día y que costó la vida de 146 obreros *(vea placa).* ⑩ **Meyer Physics Hall;** ⑪ **Warren Weaver Hall;** ⑫ **Tisch Hall** y ⑬ la **Elmer Holmes Bobst Library** (Johnson y Foster, 1973). El exterior, impasible con sus ladrillos rojos, esconde un atrio impresionante. ⑭ **Bottom Line Cabaret.** ⑮ **Garvins,** lleno de flores y con música de piano por las noches **($$).** ⑯ Estos bloques de viviendas aburridas de los años 50 llevan el nombre inadecuado de **Washington Square Village.**

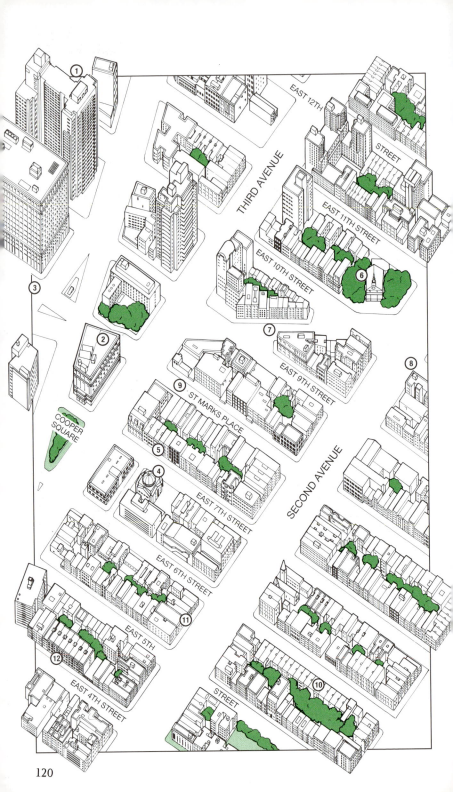

MANHATTAN
East Village

El joven East Village, que en realidad forma parte del violento Lower East Side, obtuvo su identidad actual en los años 60 cuando los bajos alquileres atrajeron inquilinos de su vecino bohemio, Greenwich Village *(vea págs. 115-19)*. Rastros, cafés, sitios de danza, teatros, pequeñas tiendas extrañas que surgen y desaparecen, una colección de monumentos históricos y una rica mezcla étnica crean el ambiente. ① Situado a la vuelta de Broadway, en E 10th Street, **Grace Church** (escondido) ofrece una vista agradable. La construyó, en estilo neo- gótico, James Renwick (a la edad de 23) en 1846. ② Peter Cooper, un filántropo y millonario que empezó de cero, fundó **Cooper Union** en 1859. Este edifico portentoso de ladrillos rojizos fue el primer *college* de educación superior gratuito y abierto a cualquiera sin que importen sexo, riqueza, confesión o color (y lo sigue siendo). ③ En 1849 **Astor Place** vio una revuelta sangrienta con muchos muertos y causada por los *fans* de dos actores, Edwin Forrest y William Macready, que estalló cuando el inglés Macready intentaba interpretar Macbeth en el Astor Place Opera House que hace mucho tiempo estuvo ubicada en este lugar. Busque la **barbería** en el No. 2 donde puede hacer cola para que le corten el pelo o que le peinen al estilo de los 50. ④ **St. George's Ukranian Catholic Church** es el punto de encuentro de la comunidad ucrania que se concentra en esta calle. En frente está ⑤ **Surma** (No. 11), un emporio ucranio con solera y lleno de color que vende libros, música, ropa bordada, iconos, *kilims*, y sus famosos huevos pintados. En el No. 15 está **McSorley's Old Ale House,** el *saloon* más antiguo de la ciudad (1854). ⑥ Construida como iglesia georgiana en 1799, **St. Mark's-in-the-Bowery** está sobre el solar de la capilla privada del Gobernador Peter Stuyvesant. En 1978, un incendio la destruyó casi por completo pero pudo ser restaurada y ahora es un centro de arte de la comunidad. ⑦ **Stuyvesant Street** rompe con el trazado rectilíneo de la cuidad, y sigue el camino que conducía a la mansión del gobernador. Las casas elegantes en estilo *Anglo-italianate* de esta calle y de E 10th Street forman el **Renwick Triangle** (James Renwick, 1861). Fíjese en No. 21, el **Stuyvesant-Fish House,** en estilo *Federal temprano.* ⑧ Una institución del East Side, la mantequería **Second Avenue Deli ($).** ⑨ **St. Mark's Place,** el duro, desordenado y estridente centro de la cultura juvenil del Downtown. ⑩ **Little India:** elija su restaurante en un bloque lleno de restaurantes de la India. ⑪ En el No. 91, un piano se subió en 1910 al piso de la familia Gershwin y asentó así la fama del pequeño George. ⑫ **Cucina di Pesce** (No. 87): precios realmente bajos, muchas colas y excelentes platos de pescado y pastas.

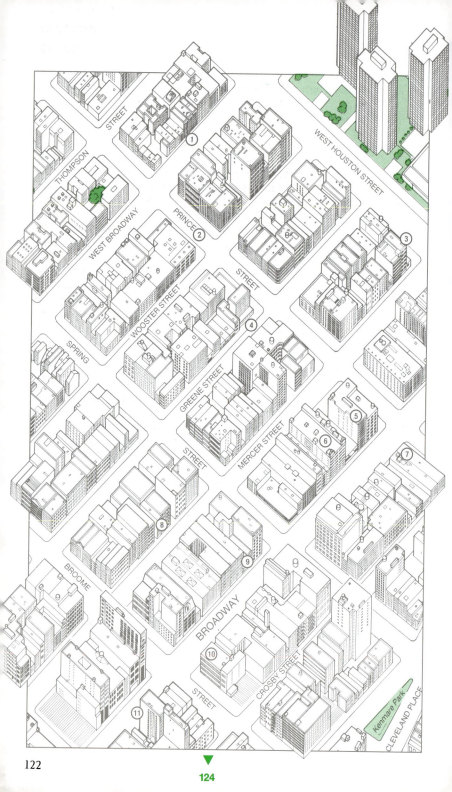

MANHATTAN
SoHo

Conocido por la abreviatura de su ubicación, *south of Houston Street*, el SoHo es famoso por su arquitectura metálica del s. XIX y las escaleras de incendios que le caracteriza. La mayoría de las casas se construyeron como almacenes, pero ahora se han convertido en espaciosos estudios de los artistas que empezaron a mudarse a la zona en los 60. ① **West Broadway,** un mezcla típica de tiendas esotéricas, galerías y restaurantes; **Rizzoli**, librería de arte (No. 454) sorprende tras un arreglo de su fachada; joyas exóticas en **Sally Hawkins Gallery** (No. 448); un restaurante siciliano de moda, Vucciria, en No. 422 **($$$); Ad Hoc Softwares,** lleno de cosas curiosas para el hogar (No. 410); una serie de galerías en **SoHotel** (No. 382). ② Un conjunto de tiendas de comestibles y restaurantes tientan el paladar en **Prince Street: Raoul's Boucherie and Charcuterie** (No. 179) salchichas caseras; **Vesuvio's** una panadería italiana auténtica (No. 160); **Dean and Deluca Coffee and Tea** (No. 121) pasteles y café en un auténtico *loft*. Fíjese en la diferencia entre las fachadas originales de los **Nos 112-114** y el brillante *trompe l'oeil* de Richard Haas a la vuelta de la esquina. ③ El **New Museum of Contemporary Art,** vanguardista. ④ **Greene Street,** simpática y adoquinada, corazón del Conjunto Histórico de la arquitectura metálica del SoHo. destacan los **Nos 28-30** y **72-76,** obra de Isaac F. Duckworth. Los restaurantes, las galerías y las tiendas especializadas se disputan los locales disponibles: entre ellos están: **Greene Street Restaurant** (No. 101), buena comida y *jazz* **($$); 5 & 10 No Exaggeration,** un restaurante único al estilo de los 40 situado en un tienda antigua **($$$); Rosa Esman** (No. 70), arte moderno; **Back Pages Antiques** (No. 125), autómatas Wurlitzer y otros recuerdos de los años 50. ⑤ El **Little Singer Building** (1904), de hierro fundido con paneles de terracota con bajorrelieves, conocido por la novela de Ernest Flagg. ⑥ El **Rouss Building** (1889), amplio, de granito gris y hierro fundido. ⑦ **Dean and DeLuca** no es una mantequería sin más sino un espacio blanco, con sus imponentes pilares y lleno de delicias que hacen la boca agua —ravioli rellenos de trufas, mousse, tomates secados al sol, tés y hierbas exóticas— y que se exponen junto a una gran batería de enseres de cocina. En las plantas superiores hay galerías. ⑧ **Enchanted Forest,** una tienda de juguetes con decorados de madera. ⑨ Todo lo que queda del **St. Nicholas Hotel** (1854) que antes era muy suntuoso. ⑩ "El partenón de la arquitectura de hierro fundido", el **Haughwout Building,** en realidad fue concebido como un *palazzo* veneciano. James P. Gaynor lo diseñó para acoger el emporio de cristal, porcelana y objetos de plata de Eder V. Haughwout y el primer ascensor de EE. UU. para personas que todavía funcionaba a vapor. ⑪ En su conjunto es titánico, pero en sus detalles el **Roosevelt Building** (1874) de Richard Morris Hunt es delicado.

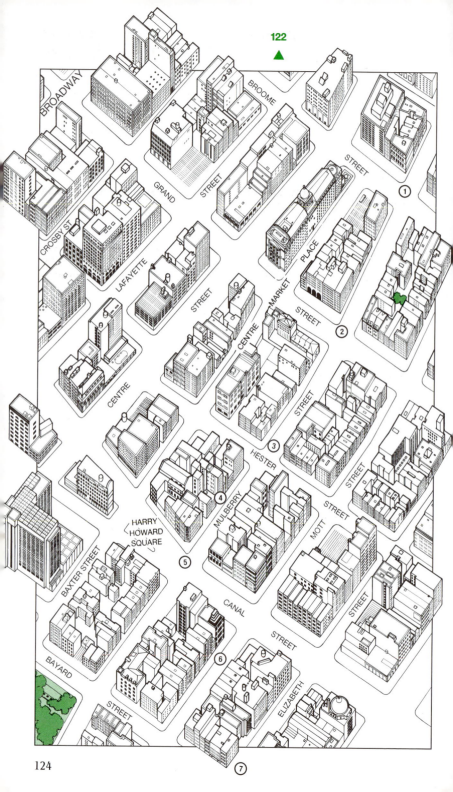

MANHATTAN
Little Italy y Chinatown

Aunque sigue siendo el centro de la comunidad italiana, ahora bastante dispersa, y un sustituto de *la patria* (especialmente en septiembre durante la *Festa di San Gennaro*), Little Italy se ha reducido a una pequeña parte de Mulberry Street. ① En este cruce está la alegre **Grotta Azzura ($$)** y el **Caffé Roma ($)**, apenas sin cambios. ② El cruce de Mulberry y Grand Street es el centro del distrito. Aquí están compañías de ravioli, que importan de Italia, **Rossi,** una tienda de regalos de Little Italy, **Ferrara,** turístico pero con justicia famoso por sus pasteles, la austera Società San Gennaro, y el **Angelo's,** antes muy concurrido **($$)**. También **Taormina ($$)**, que destaca entre el resto de las *trattorias de Little Italy que son bastante mediocres*. ③ **Umberto's Clam House ($)**, donde Joey Gallo encontró su fin, es un monumento en el cruce de Mulberry con Hester. La tienda **Ceramica** vende alfarería y cerámica italiana a la que no podrá resistir. ④ Hacia Canal Street pasará por el popular **Il Cortile ($$)**, **Esposito Meats,** y, un poco retirada, la **Church of the Most Precious Blood.** ⑤ **Canal Street** forma la frontera con el Chinatown bullicioso y en aumento, que incluso está comenzando a extenderse hacia el norte, ocupando calles que antes eran estrictamente italianas. Todo es chino, desde los bancos hasta las funerarias, las calles tristes están animadas con tejados de pagodas, templos budistas y puestos en las calles. Los primeros en llegar aquí a mediados del s. XIX fueron obreros sin familia que quisieron hacer dinero y regresar a casa. Se quedaron más tiempo de lo previsto y establecieron la comunidad china más grande de occidente, con unas 125.000 personas. Dése una vuelta por sus calles, sobre todo la ⑥ **Mott,** ⑦ **Bayard** y **Pell** *(fuera del plano)*, intente presenciar el Año Nuevo Chino (primera luna llena después del 19 de enero). Destacamos. **Kam Man Food Products** (200 Canal St., entre Mott y Mulberry), y hacia el sur por Mott St.: **Eastern States Buddhist Temple** (No. 646); **Lung Yong Bakery**: pruebe el pastel de melón (No. 41); **Quong Xuen Shing,** porcelana (No. 32); **Tak Sung Tung,** herbolario con especialidades exóticas (No. 11); y **Chinatown Fair,** una galería con videojuegos donde puede jugar al tres en raya con un pollo. Entre el conglomerado de restaurantes baratos, ajados y de fiar, **Mandarin Court,** 61 Mott St., **($$),** y **HSF,** 116 Bowery **($),** son buenos por su *dim sum*. **Oriental Town** (14 Elizabeth St.) por sus pescados **($), Peking Duck House** (22 Mott St.; **$**) por su pato pequinés insuperable; y **20 Mott Street** por su comida de Cantón excelente **($).**

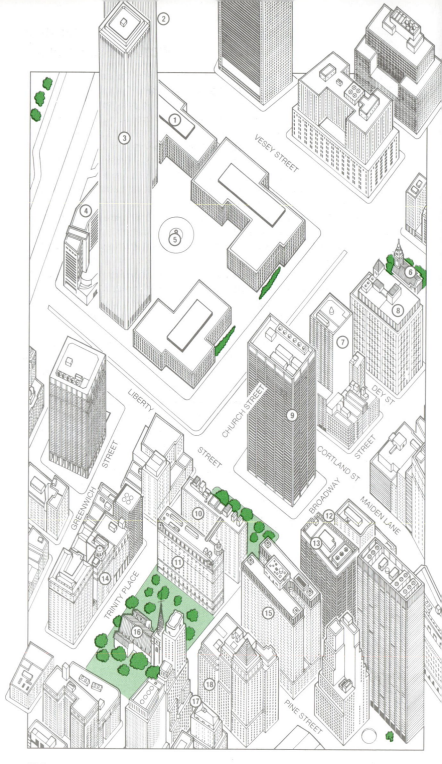

MANHATTAN
World Trade Center

① El corazón del complejo comercial más grande del mundo, el **World Trade Center,** lo constituyen las **Torres Gemelas** (Twin Towers), de 410 metros y con 110 plantas y que vistas desde lejos impresionan aún más: dos tallos de acero delgados que se elevan por encima de sus vecinos y que brillan al sol. ② En **WTC 1** (torre norte) se tienen unas vistas espectaculares desde el famoso restaurante **Windows on the World** situado en la planta 107 **($$$)**. ③ Las vistas son igualmente asombrosas desde el **Observation Deck** y desde la terraza de la planta 110 del **WTC 2** (torre sur). Mire a la gente diminuta abajo, cómo van en sus coches en miniatura a sus oficinas de juguete. ④ **Vista International Hotel,** un Hilton aceptable observando el Hudson River **($$$)**. ⑤ La dramática **Globe sculpture** de Fritz Koenig domina la plaza. ⑥ La única edificación pre-revolucionaria de Nueva York que ha sobrevivido es la simpática **St. Paul's Chapel** en estilo georgiano y obra de Thomas McBean. ⑦ Espléndidas águilas de acero vigilan las entradas al **East River Savings Bank,** un edificio modélico del *Art Deco*. ⑧ La original **American Telephone and Telegraph Company** (1915-22), un edificio clásico excéntrico que tiene más columnas que el partenón. ⑨ **One Liberty Plaza,** un monolito de acero de 1974. ⑩ **U.S. Realty Building** y ⑪ **Trinity Building,** un par de rascacielos elegantes en estilo gótico. ⑫ El anterior **New York State Chamber of Commerce** (65 Liberty St.; escondido), un edificio en estilo *Beaux Arts* reconfortante. ⑬ Un rascacielos de los arquitectos Skidmore, Owings y Merrill de los años 60, el **Marine Midland Bank Building.** ⑭ La cúpula almenada del **No. 74 Trinity Place** es una sacristía de Trinity Church, construida en estilo medieval. ⑮ El clamor que causó el **Equitable Building** de Ernest Graham (1915), una superficie útil de 1,1 millones de metros cuadrados construida sobre un solar de 40,5 áreas dio como resultado la ley de urbanismo de 1916. El pescado es siempre fresco en el restaurante **Vincent Petrosini** (100 Greenwich St.; fuera del plano), pero sería un delito perderse los cangrejos en la temporada **($)**. ⑯ "*The black widow of Broadway* (la viuda negra de Broadway)", **Trinity Church** está en restauración y volverá a lucir sus ladrillos rojizos. Es la tercera iglesia en este lugar, construida en 1846 por Richard Upjohn, y tiene tres puertas de bronce macizo de Richard Morris Hunt. En ⑰ **Wall Street,** la calle financiera más famosa del mundo, ⑱ **Bank of Tokyo** (Bruce Price, 1895) ha sido modernizada con mucho gusto, manteniendo las estatuas clasicistas de J. Massey Rhind.

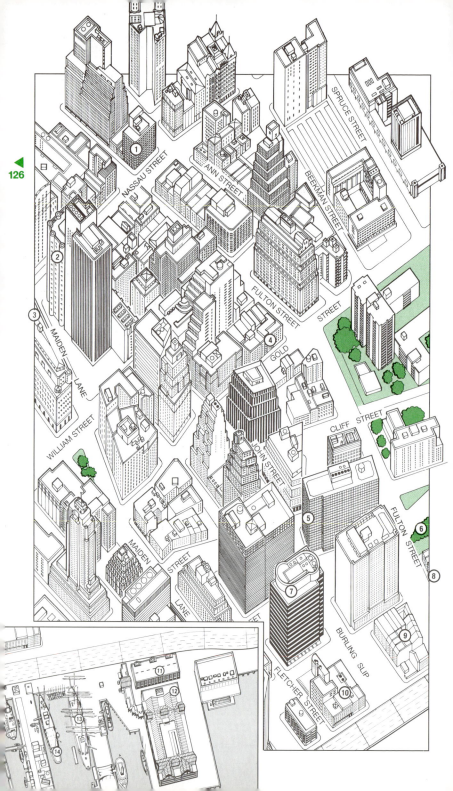

MANHATTAN
South Street Seaport

① Una broma pintada al pastel que llama la atención es el **Bennett Building** (1872), arquitectura de hierro fundido. ② Philip Johnson y John Burgee son los autores de **33 Maiden Lane,** un edificio postmoderno, controvertido, completado con torreones y almenas. ③ Alta seguridad en **Federal Reserve Bank of New York,** un *palazzo* renacentista falso cuyos cinco sótanos están repletos de oro. ④ Aunque todavía muestre su distintivo original el **Excelsior Power Company Building** (1888), en estilo neo-románico, ha cambiado de dueño. ⑤ Un sorprendente tubo iluminado con luz de neón forma la entrada al ''rascacielos divertido'' de Nueva York, **127 John Street** (1969). ⑥ **Titanic Memorial Lighthouse,** trasladado hasta aquí desde el Seamen's Church Institute sobre el East River, señala la entrada al **South Street Seaport,** puerto que en el s. XIX fue la capital naviera del Nuevo Mundo y que ha sido ampliamente restaurado por la Rouse Company. El resultado es una zona seductora pero demasiado comercial: un sitio donde los turistas se mezclan con los ''obreros'' de Wall Street. ⑦ Cuando se excavaron los cimientos de la dramática torre postmoderna de Fox y Fowle, la **sede central del National Westminster Bank,** apareció el casco de un buque mercante británico del s. XVIII. ⑧ El **New ''Bogardus'' Building,** una réplica del edificio de hierro fundido más antiguo de la ciudad, Edgar Laing Store, construido por Bogardus en la esquina de Murray con Washington Street en 1848. **Fulton Market** (11 Fulton St.; fuera del plano), una reconstrucción de 1983 de un mercado cubierto de 1882. ⑨ El centro del puerto, **Schermerhorn Row** fue un conjunto de almacenes de principios del s. XIX, construidos por el especulador Peter Schermerhorn. Aún encantadora a pesar de una remodelación discutible, acoge ahora una serie de tiendas caras, dos restaurantes de pescado, **Sloppy Louie's ($$$)** y **Sweets ($$$),** un *pub*, **North Star,** y el **South Street Seaport Museum.** ⑩ Una joya del *Art Nouveau* es el antiguo **Maximilian Morgenthau tobacco warehouse.** ⑪ **Fulton Fish Market** es una reliquia genuina del pasado. Un edifico antiguo, de latón y con largas mesas y grandes balanzas, que entre la medianoche y las 8 de la mañana es un hervidero. Los madrugadores pueden apuntarse, entre abril y octubre, a una visita guiada que sale a las 6 horas, y a continuación reponer fuerzas para afrontar el día. ⑫ **El muelle Pier 17** tiene tres plantas, llenas de cafés, tiendas y puestos, y unas bonitas vistas sobre el puerto. Restos de los tiempos pasados son los grandes barcos, ⑬ **Peking,** un magnífico velero de cuatro mástiles (1911), y ⑭ el **Wavertree** un barco inglés de tres palos (1885).

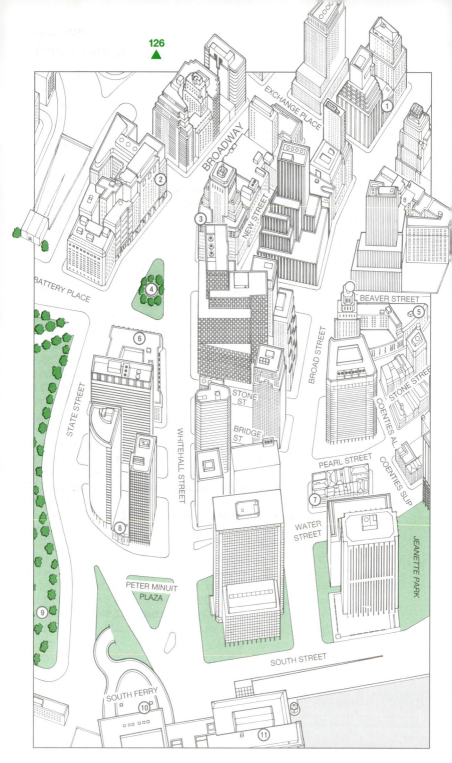

MANHATTAN
Battery Park

Las calles sinuosas, típicas de la parte sur de Manhattan y distintas al trazado regular de la parte norte, indican que se trata de la parte más antigua de la ciudad, el *Nieuwe Amsterdam* de los primeros colonizadores. ① El árbol que está fuera del impresionante edifico clasicista de la bolsa **New York Stock Exchange** de George B. Fost recuerda a los mercaderes que se reunieron a diario bajo un árbol de este tipo y que en 1792 redactaron un convenio comercial (la **galería** está abierta al público). ② Los pasajeros embarcados en la Queen Mary hubieran comprado su billete en el Great Hall del antiguo **Cunard Building,** que también es notable por su fachada al estilo renacentista de los años 20. En frente está la fachada del ③ antiguo **Standard Oil Building,** desde donde John D. Rockefeller dirigió su imperio. ④ El primer parque de la ciudad, **Bowling Green,** fue espacio de desfiles alquilado en 1733 por unos ciudadanos que pagaron la suma de un grano de pimienta al año. Las verjas del parque están todavía, pero faltan las coronas que las adornaban y que en 1776 sucumbieron a las masas después de que se leyera la Declaración de la Independencia, al igual que una estatua del rey Jorge III. ⑤ Del mismo rango que la bolsa, el **Delmonico's** ocupa un gran edificio del s. XIX y está especializado en platos sencillos de carne y pescado **($$).** En el tranquilo **Hanover Square** (fuera del plano) y vigilado por la figura del orfebre neerlandés, **Abraham de Preyster,** está el interesante **India House** (1851-4) en estilo *-Anglo-italianate.* ⑥ Construido en el emplazamiento del Fort Amsterdam de los primeros colonizadores, el antiguo **United States Custom House** (Cass Gilbert, 1907) significa el apogeo del estilo *Beaux Arts,* una mansión en granito gris oscuro, y embellecida con 4 monumentos de piedra arenisca obra de Daniel Chester French que simbolizan los continentes y que dan un bonito contraste. No menos impresionante es la **rotonda oval** en el interior que lleva murales de Reginald Marsh. ⑦ **Fraunces Tavern,** una recreación de una posada histórica desde la cual Washington despidió a sus tropas el 4 de diciembre de 1783; ahora incluye un **restaurante** y un **museo.** ⑧ El **Watson House,** un edificio simpático en estilo *Federal,* ahora la **Chapel of our Lady of the Rosary** y **Shrine of Saint Elizabeth Anne Seton,** la primera santa de norteamérica. ⑨ Un oasis de césped y árboles, **Battery Park** debe su nombre a la batería de cañones que hubo aquí alrededor de 1680. Desde su extremo (fuera del mapa) se tienen unas bonitas vistas de la **Estatua de la Libertad** y de **Ellis Island.** Entre los muchos monumentos de Battery Park elija el fortín de principios del s. XIX, **Castle Clinton** (fuera del plano) ⑩ El **Staten Island Ferry Terminal** de los años 50 y el **South Ferry Plaza,** completamente nuevo. ⑪ El **Battery Maritime Building,** *Beaux Arts* en fase de decadencia hecho de láminas de metal y pintado de verde para que parezca de cobre.

PUNTOS DE INTERES DESCRITOS EN EL TEXTO

A

American Academy of Dramatic Arts 109
American Bible Society 33
American Women's Association 37

B

Bancos
  Bowery Savings 93
  Crossland Savings 87
  Chase Manhattan 41
  Chemical 75, 81MOIA
  East River Savings 127
  Federal Reserve Bank of New York 129
  Israel Discount 81
Barcos
  Peking 129
  Wavertree 129
Bares vea *pubs* y bares
Bibliotecas
  Biblioteca Pública (Public Library) 79, 89
  Donnell Library Center 49
  Elmer Holmes Bobst Library, New York University 119
  Hammerskjold Library, United Nations Headquarters 105
  Library and Museum of the Performing Arts 33
  Morgan Library 99
  New York Public Library 49
  Pierpont Morgan Library 99
  St. Mark's Library, General Theological Seminary 113
Bird Sanctuary 50
Bronx, The 43
Buildings (edificios, incluyendo apartamentos y *houses*)
  1 Park Avenue 111
  2 Fifth Avenue 119
  2 Park Avenue 109
  32 West 40th Street 89
  33 Maiden Lane 129
  36 West 35th Street 97
  57 Park Avenue 101
  74 Trinity Place 127
  101 Park Avenue 93
  121 John Street 129
  210 Park Avenue 73
  274 Madison Avenue 91
  425 Lexington Avenue 93
  500 Park Avenue Tower 55, 65
  575 Fifth Avenue 73
  750 Seventh Avenue 45
  780 Third Avenue 75
  1675 Broadway 45
  A & S Plaza 87
  Alwyn Court 39
  American Tower 59
  American Telephone and Telegraph Company
  American Standard Building 89
  Amro Bank Building 55
  Ansonia Apartments 35
  Appellate Division, New York State Supreme
  Apthorp Apartment 35
  Aramo Building 55
  Associated Press Building 61
  ATT Building 53
  Bank of Tokyo Building 127
  Bankers Trust Building 73
  Battery Maritime Building 131
  Bennett Building 129
  Bowery Savings Bank Building 93
  Bowker Building 109
  British Empire Building 61
  Brown Building, New York University 119
  Bryant Park Studios 89
  Building 127
  Burden House 29
  Bush Tower 69
  CBS Building 49
  Celanese Building 59
  Citicorp Center 67
  Court Building 107
  Cunard Building 131
  Chanin Building 93
  Channel Gardens 61
  Chemcourt 75
  Chrysler Building 93
  Daily News Building 103
  Dakota, The 35
  Daytop Village 89
  Dehamar Mansion 99
  Deutsches Haus, New York University 119
  E. F. Hutton Building 49
  Edificio del Secretariado, Naciones Unidas 105
  Edificio de la Asamblea General, Naciones Unidas 105
  Edificio de Conferencias, Naciones Unidas 105
  Edificios de las Naciones Unidas 103, 105
  Emmet Building 109
  Empire State Building 97
  Equitable Building 127
  Equitable Center 45
  Excelsior Power Company Building 129
  Exxon Building 45
  Factory, The 109
  Ford Foundation Building 95, 103
  Fred F. French Building 81
  Fuller Building 55
  GE Building 75
  General Motors Building 53
  Gilsey House 107
  Goelet Building 61
  Grace Building 51
  H. Percy Silver Parish House 99
  Hammond House 29
  Harkness House 31
  Haughwout Building 123

PUNTOS DE INTERES DESCRITOS EN EL TEXTO

Health Education Centre Building 111
Hearst Magazine Building 37
Helmsley Building 83
Herald Center 87
Heron Tower 65
Hoffman Hall, General Theological Seminary 113
Hôtel des Artistes 35
India House 41, 131
International House 61
J. Hampton Robb Mansion 111
J. P. Morgan Jr House 99
J. P. Stevens Tower 59
James F. D. Lanler Residence 111
Kaskel and Kaskel Building 97
Knox Hat Building 89
Lever House 65
Lincoln Plaza Tower 33
Lincoln Building 81
Lipstick Building 67
Little Singer Building 123
Madison Avenue Baptist Church Parish House 109
Main Building, New York University 119
Maison Française, New York University 119
Marine Midland Bank Building 127
Maximilian Morgenthau Tobacco Warehouse Building 129
McGraw-Hill Building 59
Metropolitan Life Insurance Company Building 107
Meyer Physics Hall, New York University 119
Midtown North Precinct 37
Milton Glaser Design Studio 111
Mobil Building 93
MONY Tower 47
Morgan Bank Headquarters 45
Museum Tower 49
National Maritime Union Building 113
National Westminster Bank Building 129
Nelson Tower 57
New York Telephone Building 69
New "Bogardus" Building 129
New York Stock Exchange Building 131
New York State Chamber of Commerce Building 127
New York Life Building 107
One Liberty Plaza 127
One Central Park Place 37
One Astor Plaza 57
One Penn Plaza 88
One Times Square 69
Osborne's 39
Palazzo d'Italia 61
Pan Am Building 81 53
Paramount Building 57
Park Avenue Plaza 75
Park Vendome Apartments 37
Petrola House 63
Philip Morris Building 51
Phoenix Building 71
Plaza, The 53

Port of New York Authority Commerce Building 113
Raymond R. Corbett Building 109
RCA (ahora GE) building 15, 61
Remsen Building 109
Republic National Bank Tower 89
Rockefeller Apartments 63
Roosevelt Building 123
Rouss Building 123
Seagram Building 65
Silver Towers, New York University 117
Sloane House YMCA 85
Solow Building 51 79
South Ferry Plaza 131
Standard Oil Building 131
Staten Island Ferry Terminal 131
Stuyvesant-Fish House 121
Swissôtel Drake 65
Time Life Building 45
Tisch Hall, New York University 119
Tishman Building 49
Trinity Building 127
Trump Tower 53
Tudor City 103
Twin Towers, World Trade Center 127
Twin Peaks 115
United States Realty Building 117
United Nations Plaza 105
United States Custom House 131
Universal Pictures Building 63
Vanderbilt Hall, New York University School of Law 117
Villard House 63
W. R. Grace Building ,9
Warren House Hall, New York University 119
Washington Square Village 119
Watson House 131
West Building, General Theological Seminary 113
World Wide Plaza 43

C

Cafés y restaurantes
Adrienne 63
Ambassador's Grill 105
An American Place 109
Angelo's 125
Aquavit 63
Arcadia 41
Audrome 57
Aureole 55
Aurora 73
B. Smith's 57
Back Porch 111
Bangkok Cuisine 45
Barbetta 57
Bellini by Cipriani 45
Bottom Line Cabaret 119
Brasserie, The 65
Broadway Diner 47
C. I. Ristorante 93
Cabana Carioca 59

PUNTOS DE INTERES DESCRITOS EN EL TEXTO

Café de la Paix 51
Café Un Deux Trois 49
Café des Artistes 35
Caffé Cielo 37
Caffé Dante 117
Caffé Reggio 117
Caffé Roma 125
Cajun 113
Caramba 47
Carolina 57
Cedars of Lebanon 109
Coach House 117
Corrado 49
Courtyard Caf 101
Cucina di Pesce 121
Chalet Suisse 73
Chelsea Place 113
Chez Napoleon 43
Christine's 101
Chumley's 115
Da Tommaso 37
Darbar 51
Dean and Deluca Coffee and Tea 123
Delegates Dining Room, United Nations 105
Delices de France 91
Delmonico's 131
Dock's Oyster Bar 103
Dolci on the Park 99
El Rincón de España 117
Four Seasons, The 65
Gallagher's 45
Garvins 119
Ginger Man 35
Gran Caff Bitici 67
Grand Ticino 117
Grand Tier 33
Grappino 89
Greene Street Restaurant 123
Grotta Azura 125
HSF 125
Hard Rock Caf 39
Harry's Bar 45
Hatsuhana 73
Horn and Hardat automat 103
Il Cortile 125
Il Mulino 117
Il Nido 67
India Pavilion 47
Jerusalem 77
Jockey Club, The 51
Joe Allen 57
John's Pizzeria 115
Keen's Steak and Chop House 97
La Cote Basque 53
La Grenouille 63
La Reserve 61
Lafayette 65
Lanterna di Vittoria 117
Lattanzi 57
Le Bernardin 45
Le Cygne 65
Le Relais 41
Le Riva 57

Les Pleiades 31
Les Pyréneés, Tout Va Bien 43
Lofti's 117
Lutéce 67
Maison Japonaise 101
Man Ray 113
Mandarin Court 125
Manhattan Ocean Club 51
Marchi's 111
Miss Ruby's Café 113
Mitsuhoshi 55, 65
Nanni 95
Nippon 67
No Exaggeration 123
Oak Room, The 71
One Fifth 119
Oriental Town 125
Orso 57
Oyster Bar 51 93
Palm 95
Palms Too 95
Park Bistro 109
Pasta Prego 71
Peking Duck House 125
Pen and Pencil 95
Petrossian 39
Pisces 65
Porteroz 101
Prunelle 53
Quilted Giraffe 53
Raffetto's 117
Rainbow Room Restaurant 61
Rakel 115
Regina's 55
Rene Pujol 43
Restaurant Raphael 63
Rumpelmayer's 51
Russian Tea Room 39
SOB's 115
Sabor 117
Salta in Bocca 109
Sardi's 57
Sfuzzi 35
Shun Lee Palace 67
Siam Inn 47
Sloppy Louie's 129
Sonia Rose 109
Sparks 95
Sunny East 89
Sweets 129
Symphony Caf 47
T. S. Ma 85
Taormina 125
Tavern on the Green 35
Time and Again 101
Toscana 67
Trader Vic's 51
Trattoria Dell'Arte 39
Trixie's 57
Umberto's Clam House 125
View, The 57
Vincent Petrosini 127
Vucciria 123

PUNTOS DE INTERES DESCRITOS EN EL TEXTO

Windows on the World, World Trade Center 127
Woods 37th 17
Zarela 67
Castle Clinton 131
Cines
  City Center of Music and Drama 49
  Clinton 43
  New Amsterdam 57
Clubes
  21 Club 49
  Art Students League 39
  Blue Note Jazz Club 117
  Century Club 79
  Collector's Club 99
  Colony Club 109
  Engineers' Club 89
  Grolier Club 109
  Harvard Club 71, 79
  Liberal Club 117
  Lotos Club 41
  Metropolitan Club 41
  New York Road Runners Club 29
  New York Yacht Club 71, 79
  Racquet and Tennis Club 75
  Republican Club 89
  Union Club 99
  Union League Club 31, 41, 99
  University Club 63
  Yale Club 81
Consulado polaco 99
Convention and Visitors Bureau (New York) 39

Ch

Chinatown 125
Christie's 55

E

East River 103, 105
Edificios(vea bajo *buildings*)
Ellis Island 131
Escuelas y *colleges*
  Cooper Union 121
  General Theological Seminary 113
  Juillard School of Music 33
  Lycée Français 31
  School of Law, New York University 117
  Convent of the Sacred Heart 29
Esculturas y estatuas
  Abraham de Peyster (estatua) 131
  Columbus 39
  Estatua de la Libertad 35, 131
  Globe 127
  Jinetes 111
  Maine Memorial 39
  Monumentos y murales en United States Custom House 131
  Obelisco de la Paz 111
  Performance Machine 83
  Pullitzer Fountain 53
  Reloj Seth Thomas 79

Sculpture Garden 49
Sherman General (estatua) 53
Shepherds 65
Washington Arch 119
Estaciones
  Grand Central 73, 75, 83,
  Penn 85
  Pennsylvania 85

F

Fur District 85

G

Galerías
  Grey Art Gallery, New York University 119
  Pace Gallery 65
  Garment Center 77, 89
  General Post Office 85
  Greenwich Village 45, 114-19
  Guiness World Exhibit Hall 97
  Wally Findlay Gallery 53
  Wildenstein 41

H

Hoteles
  Algonquin 71, 79
  Astor 43
  Bedford 101
  Beerly 75
  Carlyle 31
  Crown Plaza 43
  Chatwal Inn 103
  Doral Court 101
  Doral Park Avenue 91
  Doral Tuscany 101
  Edison 43
  Eichner 59
  Elyse 65
  Empire 33
  Grand Bay 45
  Halloran House 75
  Helmsley Palace 63
  Hotel Clinton 97
  Hotel Dorset 49
  Hotel Lowell 41
  Hotel Martinique 97
  Hotel Pierre 41
  Hotel Salisbury 39
  Hotel Wellington 49
  Inter-Continental 75
  Kitano 99
  Knickerbocker 43, 69
  Loews Summit 75
  Mark, The 31
  Marriott Marquis 57
  Mayflower 35
  Milford Plaza 57
  Morgan's 99
  New York Helmsley 103
  New York Hilton 19
  New York Penta 85

135

Omni Park Central 47
Paramount 43
Parker Meridien 39
Peninsula 63
Plaza 51
Regent of New York 55
Ritz-Carlton 51
Roger Smith Winthrop 95
Roosevelt 83
Royalton 43, 79, 99
St. Moritz 51
Sheraton Centre 47
Sheraton Park Avenue 101
Surrey Suite 31
United Nations Plaza 105
Vista International 127
Waldorf Astoria 75
Washington Square 117
Wentworth 71
Wyndham 51
Hudson River

I

Iglesias, sinagogas y templos
  Armenian Evangelical Church 111
  Central Synagogue 65
  Chapel of our Lady of the Rosary 131
  Chapel of the Good Shepherd, General
  Christ Church (Methodist) 55
  Church of Christ Scientist 81
  Church of St. Saviour 101
  Church of the Covenant 103
  Church of the Heavenly Rest 29
  Church of the Most Precious Blood 125
  Church of the Transfiguration 107
  Episcopal Church of the Incarnation 99
  Eastern States Buddhist Temple 125
  Fifth Avenue Presbyterian Church 51
  Fifth Avenue Synagogue 41
  First Moravian Church 109
  Grace Church 121
  Holy Trinity Lutheran Church 35
  Judson Memorial Baptist Church 11,
  Marble Collegiate Church 107
  Mecca Temple 49
  New Church (Swedenborgian) 111
  Our Lady of Pompeii (católica) Church 115
  St. Agnes Church 95
  St. Bartholomew's Church 75
  St. Benedict Church 43
  St. Benedict's Church 37
  St. George Tropoforos Hellenic Orthodox Church 37
  St. George's Ukrainian Catholic Church 121
  St. John's (católica) Church 85
  St. Joseph's (católica) Church, Greenwich 117
  St. Luke's-in-the-Fields Church, Greenwich 115
  St. Mark's-in-the-Bowery 121
  St. Mary the-Virgin (católica) Church 59
  St. Patrick's Cathedral 63
  St. Paul's Chapel 127
  St. Peter's Church, Chelsea 113
  St. Peter's Lutheran Church 67
  St. Stephen's Church 109
  St. Thomas' Church 49
  Temple Emanu-El 41
  Theological Seminary 113
  Trinity Church, Broadway 113, 127
  United Methodist Church 117
Instituciones
  General Society of Mechanics and Tradesmen 79
  Guggenheim Institute 29
  Kosciuszko Foundation 41
  Lincoln Center for the Performing Arts 33
  National Academy of Design 29
  Smithsonian Institute 29
  Ukrainian Institute of America 31
  Yivo Institute for Jewish Research 29

J

J. G. Jung Center 91
Jacob Javits Convention Center 85

L

Lincoln Center
Little India 121

M

Macdonald-Sullivan Historic District 117
Madison Square Garden Center 85
Murray Farm 99
Museos
  American Craft 49
  American Folk Art 35
  American Museum of National History 35
  Cooper-Hewitt 29
  Fraunces Tavern 131
  Frick Collection 31
  Library and Museum of the Performing Arts 33
  Metropolitan Museum of Art 31
  Modern Art 49
  New Museum of Contemporary Art 123
  TV and Radio 49
  South Street Seaport 129
  Whitney Museum of American Art 31, 45, 81

N

Naciones Unidas, sede principal 105
NBC Studios 61
New York City Ballet and Opera Companies 33
New York School of Applied Design for Women 109
New York Society for Ethical Culture 35
New York State Supreme Court 107
New York University 79, 117, 119

O

Operas (casas de)
 Astor Place Opera House (antigua) 121
 Metropolitan Opera 51

P

Parques
 Battery Park 131
 Bowling Green 131
 Bryant Park 68, 78-9, 88, 89
 Central Park 31, 34, 38, 39, 40, 50, 53
 Damrosch Park 33
 Greenwich Park 67
 Madison Square Garden 43, 84-5, 107
 Madison Square Park 106, 107
 Paley Park 53
 Turtle Bay Gardens 105
 Tudor City (parques de) 95
 Walker Park 114, 115
 Washington Square Park 116, 118
Periódicos y revistas
 Life magazine 97
 New York Herald 87
 New York Times 57, 69
 New York Tribune 87
 New Yorker, The 71
Pier (muelle) ''17'' 129
Pubs y bares
 Blue Bar 71
 Blue Mill Tavern 115
 Fraunces Tavern 131
 McSorley's Old Ale House 121
 Michael's Pub 67
 Minetta Tavern 117
 North Star 129
 O'Neal's 33
 P. J. Clark's 67

R

Renwich Triangle 121
Rockefeller Center 45, 59, 69
Roseland Dance Hall 45

S

San Juan Hill 37
Salas de conciertos
 Alice Tully Hall 33
 Avery Fisher Hall 33
 Carnegie Hall 39
 Graduate Center, New York University 79
 Guggenheim Band Shell 33
 Juillard Recital Hall 33
 Metropolitan Opera House 33
 Radio City Music Hall 61
St. David's 29
Società San Gennaro 125
South Street Seaport 129

T

Teatros
 Alvin 45
 American Theater of Actors 37
 Apple Core 113
 Barrymore 43
 Booth 57
 Boyce 113
 Broadway 45
 Circle in the Square 45
 Cherry Lane, Greenwich 115
 Eugene O'Neill 43
 Gershwin 45
 Lyceum 59
 Mitzi E. Newhouse 33
 Neil Simon 45
 New York State 33
 Provincetown Playhouse 117
 Shubert 57
 Sullivan Street Playhouse 117
 Vivian Beaumont 33
 Winter Garden 45
 Ziegfeld 49
Tiendas y grandes almacenes
 Abraham and Straus 87
 Ad Hoc Softwares 123
 American Radiator Co 89
 Ann Taylor 53
 Antonovich 85
 Argosy 55
 Art-Max 77
 Baccarat 55
 Back Pages Antiques 123
 Backgammon 117
 Ballet Shop, The 33
 Banana Republic 55
 Bath House 117
 Bergdorf Goodman 51, 53
 Birger Christensen 85
 Brentano's 73
 Bridge Kitchenware 67
 Brooks Brothers 81
 Buccellati 55
 Bulgari 51
 Burberry's 53
 Carnegie Deli 47
 Cartier 63
 Caswell-Massey 75
 Ceramica 125
 Coach Store, The 41
 Cole-Haan 55
 Coliseum Books 47
 Complete Traveller 99
 Crabtree and Evelyn 61
 Crouch and Fitzgerald ,3
 Chanel 53
 Charivari '57' 51
 Chess Shop 117
 Chinatown Fair 125
 Churchill's 41
 Dean and Deluca 123
 Drama Bookshop 59
 E. Braun 41

PUNTOS DE INTERES DESCRITOS EN EL TEXTO

Elizabeth Arden 53
Enchanted Forest 123
Esposito Meats 125
F. A. O. Schwarz 53
F. R. Tripler 81
Fellman 81
Ferragamo 51
Ferrara 125
Fortunoff 53
Fraser Morris 31
Fulton Fish Market 129
Fulton Market 129
Gimbel's 87
Godiva Chocolatier 53
Goldberg's Marine Distributors 139
Golden-Feldman 85
Gordon Button Co 77
Gorham's 97
Gotham Book Mart and Gallery 61
Gucci 53
Guy Laroche 55
Hammacher Schlemmer 55
Harry Winston 51
Helene Arpels 55
Henry Westpfal 97
Herms 53
Hotalings 69
Hyman Hendler 77
I. Miller 59
J. J. Applebaum's 85
J. P. French Bakery 63
Jaeger 53, 61
Kam Man Food Products 125
Kaplan's 61
Kaufman 75
La Maison Française 61
Lalique 41
Laura Ashley 41, 53
Lederer 55
Li-Lac 115
Limited, The 41
Lloyd and Haig 91
Lord and Taylor 89
Louis Vuitton 55
Lung Fong Bakery 125
MJ Trimmings Co 77
M, J. Knoud Saddlery 41
McNulty's Tea and Coffee Co 115
Macy's 87
Manny's 59
Marks and Spencer 81
Matsuda 65
Maud Frizon 55
Mercedes-Benz 65
MOMA Design Store 49, 63, 67
Movado 55
Murray-Hill Antique Center Inc. 111
Mysterious Bookshop 39
New York Bound Bookshop 61
New York Deli 39
OMO Norma Kamali 51
Park Avenue Liquor Shop 91
Paul Stuart 81
Place des Antiquaires 55
Quong Zuen Shing 125
Ralph Lauren 31
Raoul's Boucherie and Charcuterie 123
Rita Ford's Music Boxes 41
Rizzoli Bookstore 51, 123
Rosa Esman 123
Rossi 125
Sally Hawkins Gallery 123
Sandlers Sweet Shop 49
Saki Fifth Avenue 73
Sam Ash 59
Sarge's 101
Schirmer Music Store 33
Scribner's 73
Sea Gull 61
Second Avenue Deli 121
Shy Books 63
SoHotel 123
Spear and Co 97
Stage Deli 47
Steuben Glass 53
Surma 121
Susan Bennis/Warren Edwards 65
T. Anthony 55
TKTS Booth 59
T. O. Dey 91
Tak Sung Tung 125
Tinsel Trading Co 77
Tiny Doll House 67
Teuscher Chocolatier 61
Tiffany's 53
Train Shop, The 71
Urban Center Books 63
Vesuvio's 123
William Hunrach 55
William N. Ginsburg 77
Zabar's 35
Titanic Memorial Lighthouse 129
Town Hall (ayuntamiento de New York) 69

V

Vocational Rehabilitation Agency 109

W

World Trade Center 127

Y

YMCA 35

Z

Zoo, Central Park 49
Zoo, de los niños 41

PERSONAJES DE INTERES DESCRITOS EN EL TEXTO

A

Allen, Woody 47, 67
Armani 51
Astaire, Fred 45
Astor, familia 63
Astor, Mrs William 41, 97
Astor, William Waldorf 97

B

Bankhead, Tallulah 65
Barrymore, Ethel 43, 59
Beatles, The 51
Beaumont, Vivian 37
Benchley, Robert 71
Bennett, James Gordon 87
Bernstein, Leonard 39
Bobst, Elmer Holmes 119
Bogardus 129
Breuer, Marcel 31
Brumidi, Constantine 109
Burgee, John 129

C

Calder, Alexander 59
Calder, I. Stirling 59
Carnegie, Andrew 29
Carre y Hastings 29, 53, 79
Caruso, Enrico 69
Castellano, Paul 95
Clarke, Thomas 113
Cohen, George 59
Cooper, Peter 29, 121
Corbett, Raymond R. 109
Coutan, Jules 93
Cushman, Don Alonzo 113

Ch

Chaplin, Charlie 61

D

Duke, James B. 31
Davis y Brody 37
Duckworth, Isaac F. 123
Duffy, Francis 59

F

Fernbach, Henry 65
Fisher, Avery 33
Fitzgerald, F. Scott 101
Fitzgerald, Zelda Scott 100
Flagg, Ernest 123
Forgione, Larry 109
Forrest, Edwin 113, 121
Fox y Fowle 129
French, Daniel Chester 131
French, Fred F. 81, 103
Frick, Henry Clay 29, 31

G

Gallo, Joey 125
Gaynor, James P. 123
Gershwin, George 79, 121
Gilbert, C. P. H. 99
Gilbert, Cass 131
Glaser, Milton 39, 73, 111
Goodhue, Bertram 75
Goodman, Benny 29
Goodwillie, Frank 109
Graham, Ernest 127
Gray, Eileen 49
Gresley, Horace 87
Guggenheim 29

H

Hale, Nathan 81
Hardenbergh, Henry J. 51, 97
Harrison, Abramovitz y Harris 45
Haughwout, Eder V. 123
Hearst, William Randolph 109
Helmsley, Harry 63, 83
Helmsley, Leona 63, 83
Herts y Tallant 59
Hitler, Adolf 61
Hoffman, Malvina 111
Holland, George 107
Hood, Raymond 89
Hopper, Edward 49
Howells y Hood 103
Hunt, Richard Morris 31, 123, 127

J

James, Henry 119
Javits, Jacob 85
Jefferson, Joseph 107
Johnson y Foster 119
Johnson, Philip 49, 65, 67, 129
Jolson, Al 45
Jones, Lowell 83

K

Kahn, Otto 29
Koenig, Fritz 127
Kohn, Robert 35
Kooning, de 49
Krapp, Herbert J. 43

L

Lacroix 51
Lanier, James F. D. 111
Lauren, Ralph 31, 51
Le Corbusier, Charles 49, 105

PERSONAJES DE INTERES DESCRITOS EN EL TEXTO

Lennon, John 35
Lichtenstein, Roy 45
Luciano, Lucky 75

M

McBean, Thomas 127
McKim, Mead y White 31, 41, 63, 69, 71, 75, 79, 85, 87, 93, 97, 99, 107, 109, 117
Macready, William 121
Magonigle y Piccirilli 39
Mandel, Henry 37
Marantz, Irving 111
Marsh, Reginald 131
Martinez, Zarela 67
Matisse, Henri 49
Merman, Ethel 45
Millay, Edna St. Vincent 115
Miller, Arthur 43
Monroe, Marilyn 59, 65
Morgan, J. P. 41, 99
Morris, Philip 81
Murray, Mrs 99
Murray, Robert 99

N

Nesbitt, Evelyn 107
Newhouse, Mitzi E. 33

O

O'Neill, Eugene 43, 97, 117

P

Palmer, Charles 55
Parker, Dorothy 71
Pelli, Caesar 49
Picasso, Pablo 49, 65
Pickford, Mary 59
Plant, Mrs Morton F. 63
Ponsella, Rosa 59
Porter, Cole 75
Post, George 8, 131
Price, Bruce 127
Putnam, Andre 99

R

Rapp y Rapp 57
Reed y Stem 93
Renwick, James 121
Renwick, James, hijo 63, 109
Rhind. J. Massey 127
Rich, Charles A. 89
Robb, J. Hampton 111
Roche, Dinkeloo y Associates 31, 45, 49, 95
Rockefeller, John D. 105, 131
Rockefeller, John D., hijo 61, 63, 67
Rockefeller, Nelson 63
Rohe, Mies van der 65
Roth, Emery 71

Rothko, Mark 49, 109
Rubell Steve 79, 99
Russo Gaetano 39

S

Saarinen, Eero 49
Schermerhorn, Peter 129
Schrager, Ian 43
Seton, Elizabeth Ann 131
Shepard, Margaret Vanderbilt 41
Silver, H. Percy 99
Simon, Neil 43, 45
Sinatra, Frank 61, 75
Shidmore, Owings y Merrill 55, 65, 71, 73, 75, 79, 127
Sniffen, John 111
Starck, Philippe 39, 79
Starett, Goldwin 71
Stubbins, Hugh 67
Stuyvesant, Peter 121
Swasey, W. A. 45

T

Tchaikovsky, Peter Ilich 39
Tioffany 39
Trumbull, Edward 93
Tully, Alice 33

U

UpJohn, Richard 127

V

Van Alen 41
Vanderbilt, familia 63, 75
Vaux, Calvert 31
Villard, Henry 63

W

Warhol, Andy 109
Warren y Wetmore 29, 51, 71, 83, 93, 109
Washington, George 131
Weaver, Warren 119
Wells, James N. 113
White, Stanford 75, 107, 111, 119
Whitney, Payne 31
Windsor, Duquesa de 75
Winston, Harry 51
Wright, Frank Lloyd 29, 51, 65

CALLEJERO

A

Amsterdam Avenue 32, 35
Ann Street 126, 128
Astor Place 121
Avenue of the Americas/Sixth Avenue 44, 48-9, 50, 58, 59, 60, 68, 69, 70, 71, 72, 76, 78, 86, 88, 96, 116
Avenue South, The 114

B

Barclay Street 126
Barrow Street 114
Battery Place 130
Baxter Street 124
Bayard Street 124
Baynard (?) Street 125
Beaver Street 130
Bedford Street 114, 115
Beekman Street 128
Bleecker Street 114, 115, 116, 118
Bowery, The 120, 124, 125
Bridge Street 130
Broad Street 130
Broadway 32, 35, 38, 39, 42, 44, 45, 46, 47, 56, 58, 68, 69, 76, 77, 86, 96, 106, 118, 121, 122, 124, 126, 128, 130
  West 122, 123
Broome Street 122, 124
Burling Slip 128

C

Canal Street 124, 125
Carmine Street 114
Center Drive 50
Centre Market Place 124
Central Park Place 37
Central Park South 38, 50, 51, 52
Central Park West 32, 34-5, 38
Centre Street 124
Clarkson Street 114
Cleveland Place 122
Cliff Street 128
Coentjes Alley 130
Coentjes Slip 130
Columbus Avenue 32, 34, 35
Columbus Circle 32, 34, 37, 38-9
Commerce Street 114, 115
Cooper Square 120
Cornelia Street 114, 116
Cortlandt Street 126
Crosby Street 122, 124
Cushman Row 113

Ch

Christopher Street 114, 115
Church Street 126

D

Dey Street 126
Downing Street 114
Duffey Square 59

E

8th Street
  East 118, 119, 120
  West 118, 119
11th Street East 120
18th Street West 112
80th Street 35
82nd Street 30
84th Street East 28
85th Street East 28
86th Street East 28
87th Street East 28
88th Street East 28
89th Street East 28
East Drive 40
Eighth Avenue 36, 42, 44, 45, 46, 47, 56, 84, 85, 112
Elizabeth Street 124, 125
Exchange Place 130

F

4th Street
  East 120
  West 116, 117, 118
5th Street East 120
14th Street West 112
15th Street West 112
40th Street
  East 78, 90, 92, 98, 100, 102
  West 68, 76, 77, 78, 88, 89, 90, 98
41st Street
  East 80, 90, 92, 94, 98, 110, 102, 104
  West 68, 76, 88
42nd Street
  East 78, 80-1, 82, 90, 92, 93, 94, 95, 100, 102-3, 104
  West 56, 57, 68, 69, 70, 76, 78, 79, 88, 90
43rd Street
  East 80, 81, 82, 90, 92, 94, 102, 104
  West 56, 68, 70, 78, 79, 80
44th Street
  East 80, 81, 82, 90, 92, 94, 102, 104
  West 56, 57, 58, 59, 68, 70, 71, 78, 79, 80
45th Street
  East 72, 80, 82, 83, 92, 94, 95, 104
  West 56, 58, 59, 68, 70, 71, 78, 80
46th Street
  East 72, 80, 82, 92, 94, 95, 104
  West 42, 56, 57, 58, 60, 68, 70, 73, 80
47th Street
  East 72, 74, 80, 82, 94, 104
  West 42, 43, 56, 57, 58, 60, 70, 71
48th Street
  East 60, 62, 72, 73, 74, 82, 94, 115
  West 42, 44, 56, 58, 59, 60, 70, 72

141

CALLEJERO

49th Street
   East 62, 66, 72, 73, 74, 82, 105
   West 42, 43, 44, 58, 60, 61, 70, 72
50th Street
   East 62, 66, 72, 74-5
   West 42, 43, 44, 58, 60, 62, 72
51st Street
   East 62, 64, 66, 72, 74
   West 42, 43, 44, 45, 46, 48, 60, 62, 72
52nd Street
   East 62, 63, 64, 66, 67, 72, 74
   West 36, 42, 44, 45, 46, 48, 60, 62
53rd Street
   East 53, 62, 64, 66, 74
   West 35, 36, 42, 44, 46, 48, 49, 60, 62
54th Street
   East 52, 53, 62, 64, 65, 66, 74
   West 36, 37, 38, 44, 46, 48, 62
55th Street
   East 52, 53, 62, 64, 66, 67, 74
   West 36, 38, 44, 46, 48, 49, 50, 52, 62, 63
56th Street
   East 52, 54, 64, 66
   West 36, 38, 46, 47, 48, 50, 51, 52
57th Street 53
   East 52, 53, 54, 55, 64, 65
   West 36, 37, 38, 39, 46, 48, 50-1, 52
58th Street
   East 52, 53, 54, 64
   West 32, 36, 38, 39, 46, 50, 51, 52
59th Street
   East 52, 54, 55
   West 32, 36, 40
Father Demo Square 116
Fifth Avenue 28, 29, 30, 40, 48, 50-1, 52, 53, 60, 62, 63,
   70-1, 72-3, 78, 80-1, 88-9, 90, 96, 98, 104, 106, 118, 119
First Avenue 102, 104, 120
Fletcher Street 128
Fourth Avenue 120
Franklin Delano Roosevelt Drive 104
Front Street 128
Fulton Street 126, 128, 129

G

Gold Street 128
Grand Army Plaza 52
Grand Street 122, 124, 125
Great Enmore Street 124
Greeley Square 87
Greene Street 118, 122, 123
Greenwich Street 126, 127
Grove Court 115
Grove Street 114

H

Hanover Square 131
Harry Howard Square 124
Herald Square 86-7, 96
Hester Street 124, 125
Houston Street West 111, 116, 122, 123

Howard Street 124
Hudson Street 114

J

James N. Wells Row 113
Jeanette Park 130
John Street 128, 129
Jones Street 114

K

Kenmore Park 122

L

La Guardia Place 116, 118
Lafayette Street 122, 124
Leroy Street 114
Lexington Avenue 28, 54, 64, 66, 74, 75, 82, 92, 93, 94, 95, 98, 100, 108, 109, 110
Liberty Street 126, 127, 128
Lincoln Square 32, 34, 35
Longacre Square 69

M

MacDougal Alley 118, 119
MacDougal Street 116, 117
Madison Avenue 28, 30, 31, 40, 41, 51, 52, 54, 55, 62, 64, 72, 73, 74, 80, 82, 90, 91, 99, 106, 108, 109
Maiden Lane 126, 128, 129
Mercer Street 122, 118
Miller Street 118
Minetta Lane 116
Minetta Street 116
Morris Street 130
Morton Street 114, 115
Mott Street 125
Mulberry Street 124, 125
Murray Street 129

N

9th Street East 118, 120
19th Street West 112
90th Street East 28
91st Street East 28
92nd Street East 28
93rd Street East 28
Nassau Street 126, 128
New Street 130
Ninth Avenue 36, 37, 42, 43, 56, 112
North Street 124

P

Park Avenue 28, 30, 40, 52, 54, 55, 62, 64, 65, 72, 73, 74-5, 80, 82, 83, 90, 93, 98, 100, 101, 109, 110, 111
   South 108-9
Pearl Street 128, 130
Pell Street 125

Peter Minuit Plaza 130
Pine Street 126, 128, 130
Platt Street 128
Prince Street 122, 123

R

Rector Street 130
Rockefeller Plaza 48, 60, 61

S

6th Street East 120
7th Street East 120
16th Street West 112
17th Street West 112
60th Street
  East 40, 54
  West 32, 36
61st Street
  East 40, 54, 55
  West 32, 33, 34
62nd Street
  East 40, 54
  West 32, 34
63rd Street
  East 40, 54
  West 32, 33, 34
64th Street
  East 40
  West 32, 34, 35, 40
65th Street
  East 40
  West 34, 35
66th Street
  East 40
  West 34
67th Street
  East 40
  West 34
72nd Street East 30
73rd Street East 30
74th Street East 30
75th Street East 30
76th Street East 30
77th Street East 30
78th Street East 30
79th Street 35
  East 30
St. Luke's Place 114
St. Mark's Place 120,
Schermerhorn Row 129
Second Avenue 66, 94, 102, 104, 105, 111, 120
Seventh Avenue 38, 39, 44, 45, 46, 47, 58, 59, 68, 76, 84, 85, 86
Seventh Avenue South 114
Sixth Avenue 114, 117
Sixth Avenue/Avenue of the Americas 44, 48-9, 50, 58, 59, 60,
68, 69, 70, 71, 72, 76, 78, 86, 88, 96, 116
Sniffen Court 111
South Ferry 130

South Street 129, 130
Spring Street 122
Spruce Street 128
State Street 130
Stone Street 130
Stuyvesant Street 120, 121
Sullivan Street 116, 117

T

3rd Street West 116, 117, 118
10th Street East 118, 120, 121
12th Street East 120
20th Street West 112
21st Street West 112, 113
22nd Street West 112, 113
25th Street
  East 107
  West 106
26th Street 106
27th Street
  East 108
  West 106
28th Street
  East 106, 108, 109
  West 85, 106, 107
29th Street
  East 106, 108
  West 84, 106
30th Street
  East 106, 108, 109, 110
  West 84, 85, 106
31st Street
  East 108, 109, 110
  West 84, 85, 86, 96, 106
32nd Street
  East 97, 108, 109, 110
  West 84, 86, 87, 96, 106
33rd Street
  East 96, 98, 108, 110
  West 84, 86, 96
34th Street
  East 96, 98, 108, 110, 111
  West 84, 86, 96, 97
35th Street
  East 98, 99, 100, 110, 111
  West 84, 86, 88, 96, 97
36th Street
  East 90, 98, 100, 110
  West 76, 84, 86, 88, 96, 97
37th Street
  East 90, 98, 100, 102, 110
  West 76, 77, 86, 88, 89, 96, 98
38th Street
  East 90, 98, 100, 102
  West 76, 77, 88, 96, 98
39th Street
  East 90, 91, 92, 98, 100, 101, 102
  West 76, 78, 88, 89, 98
Third Avenue 64, 66, 67, 74, 75, 82, 92, 94, 100, 102, 103, 105, 110, 120
Thompson Street 116, 122
Times Square 43, 56, 57, 58-9, 68-9, 107
Transverse Road No 134, 40

143

CALLEJERO

Trinity Place 126, 127
Tudor City Place 95

U

United Nations Place 104
University Place 118

V

Vanderbilt Avenue 80, 82, 32
Varick Street 114
Vesey Street 126

W

Walker Street 124
Wall Street 126, 127, 128, 130
Washington Mews 119
Washington Place 116, 117, 118
Washington Square 116, 117, 118-19
Washington Square East 118
Washington Square North 118, 119
Washington Square South 116, 118
Washington Square Village 118, 119
Washington Square West 116
Washington Street 128, 130
Water Street 128, 130
Waverly Place 116, 118
West Drive 34, 38
West End Avenue 35
West Washington Place 116
Whitehall Street 130
William Street 128
William Street South 130
Wooster Street 122

TITULOS PUBLICADOS EN ESTA COLECCION

PARIS ● LONDRES ● MANHATTAN

PROXIMA APARICION

MUNICH ● AMSTERDAM ● ROMA ● SAN FRANCISCO

TURSEN, S. A.
HERMANN BLUME EDICIONES
Mazarredo, 4, 5.º B
Tel.: (91) 266 71 48
Fax: 265 31 48
28005 MADRID